JULES,

ou

LE TOIT PATERNEL.

II.

Ce que vous devez faire ? ce que vous ne ferez pas, jeune homme.

JULES,

OU

LE TOIT PATERNEL.

PAR M. DUCRAY-DUMINIL.

Quel est cet asile champêtre, au fond de ce vallon, près de ce ruisseau limpide?... Ciel, je le reconnais, c'est la maison de mon père!...

TOME SECOND.

PARIS,

DENTU, Imprimeur-Libraire, quai des Augustins, n.° 17.

1806.

JULES

OU

LE TOIT PATERNEL.

I.

Une grande ville renferme une grande population; la société est pleine d'êtres vicieux, d'intrigans, de faux amis, de faux amis sur-tout!.... Eh, quels dangers court un jeune homme sans expérience, si, dès son entrée dans le monde, il s'y trouve entouré de fourbes et d'hypocrites!..

L'ARRIVÉE d'Adalbert a fait fuir Asselino et mademoiselle Prudence, qui à son aspect s'est sauvée en rougissant du souvenir de la nuit blanche qu'elle a passée dans le cabinet noir. Adalbert sait qu'Asselino ne l'aime pas; il a pris son parti là-dessus. Il entre : Eh, bonjour, s'écrie-t-il, bonjour mon frère, ma chère sœur, et vous, aimable Jules... Comme il est grandi, formé ! c'est un homme à présent ! Ah çà, puisqu'il va devenir mon fils, mon ami, il me permettra bien de le tutoyer, et je commence dès cet instant ce doux langage de l'amitié. Jules, je viens te chercher. —Sitôt, monsieur ! —Appelle-moi ton oncle ?... Vous le permettez, monsieur et madame Berny ? —Certainement, répond M. Berny, puisque vous allez même lui tenir lieu de père. Mais, déjà nous en priver ! —Votre dernière lettre m'annonçait que je pouvais venir quand il me plairait. Si mon ami Forville n'avait pas été retenu par quelques affaires, nous serions ici depuis quatre jours... Il faut qu'il aille à la Pommeraie ; nous y emmènerons Jules. Mon intention, je vous la soumets cependant, est, avant de conduire ce jeune homme à Paris, de lui faire voir les grandes, les principales villes de la Provence ou des contrées avoisinantes, telles qu'Avignon, Aix, Marseille, Toulon, etc. Cela lui donnera une idée des hommes et des choses ; puis, dans la capitale, mon ami, et au travail, mais au travail le plus assidu ? N'approuvez-vous pas ce plan, mon frère ? — Je l'approuve, et sans doute que ma chère Aura est de mon sentiment ; mais je vous objecte, Adalbert, que les voyages sont fort coûteux, que ma fortune.... — Ne parlons pas de cela, Berny... Cependant, je dois convenir avec vous d'une pension... — Sans doute... — Eh bien, vous la réglerez comme vous voudrez, mon cher Berny. Je connais trop votre délicatesse pour être persuadé.... Nous en parlerons dans un autre moment... à présent occupons-nous des préparatifs de notre départ, je... — Comment ! est-ce que vous ne resterez pas quelques jours avec moi ? — Deux, deux jours seulement. Il faut partir après-demain matin ; je vous le demande en grace. Mon ami a des plantations à faire à sa terre. Et d'ailleurs, quand nous resterions avec vous un mois, il faudrait toujours se séparer.... ce triste moment n'en serait pas moins affligeant. Il faut brusquer ces petits chagrins-là ; aussi, quand vous verrez votre fils, savant, profond sur les lois, un des premiers avocats du barreau !... comme je vous l'ai dit, j'ai de quoi le pousser. Lié, comme je le suis avec toute la magistrature, je vous demande si mon cher neveu adoptif ira loin ! — Nous pourrons le voir aux vacances prochaines ? — Peut-être avant. Vous n'êtes pas un homme à vous déplacer, à venir nous voir à Paris ? — Non ; mes goûts, mes habitudes me retiennent ici. — Et vous y auriez gardé Jules comme cela, sans qu'il eût une occupation, un état ! Ah, Berny, était-ce là le devoir d'un tendre père ! — Aussi ai-je senti vos raisons, Adalbert. Elles m'ont paru justes, très-sensées, et j'ai cedé. Je l'avouerai, sans vous, je ne songeais pas à me séparer de Jules. Que dis-je ! la pensée seule m'en faisait frémir. Mais vos lettres, vos instances, vos sages conseils, souvent réiterés, m'ont frappé. Nous en avons causé, nous deux Aura, et, malgré sa tendresse de mère, elle a su apprécier comme moi la justesse de vos avis. Il nous fallait un ami tel que vous, Adalbert, pour lui confier notre fils unique, notre bien le plus cher ! — Eh ! qu'il me sera doux de justifier une confiance si honorable pour moi ! Jules, vous avez entendu votre père ? accablez-moi des reproches les plus sanglans si vous remarquez dans mes conseils, dans ma conduite, rien qui puisse me faire soupçonner d'abuser de cette douce confiance ! — Qui vous soupçonnerait, mon ami ! ne vous êtes-vous pas toujours montré notre appui, notre défenseur. Eh, quel vaste sujet vous aviez de nous haïr, possédant seul la tendresse du plus injuste des pères !

M. Berny laisse tomber une larme de ses yeux. Adalbert l'embrasse, le serre dans ses bras, lui jure une amitié constante, et la plus touchante intimité règne parmi tous ces amis.

La journée se passe en conversations sur les réglemens, les projets qu'on forme relativement à la nouvelle carrière que Jules va courir. On convient qu'il écrira, qu'on lui répondra toutes les semaines. Adalbert doit aussi donner séparément à la famille Berny des nouvelles de son Jules. Mme Berny et Aloyse, qui est bien émue, s'occupent d'un petit trousseau pour le jeune homme ; et Jules, étourdi de tout cela, sent ses regrets diminuer en pensant aux plaisirs qu'il goûtera sans doute à Paris, auprès d'Adalbert, qu'il aime, qu'il trouve un homme charmant.

Asselino, sombre, triste, paraît voir de mauvais œil ces apprêts, ce départ prochain. Il ne dit pas deux mots à Adalbert ; il le brusque au contraire, et parvient même, par ses regards fréquens, à déconcerter quelquefois ce fils adoptif du vieux Evrard.

Adalbert, qui voudrait gagner ce bon serviteur, cherche le moment d'avoir une explication avec lui. Il le rencontre seul dans le jardin. Asselino, lui dit-il, arrête un instant. J'ai deux mots à te dire. -- Et moi, monsieur, je n'en ai point à vous répondre. — Qu'as-tu donc, Asselino ? toi seul parais ici ne point partager l'attachement, la juste confiance, l'estime enfin méritée de ma part, j'ose le dire, que tout le monde m'y témoigne?... Tu ne réponds pas ? qu'ai-je fait pour perdre ton amitié, Asselino ? tu m'aimais autrefois ! j'avais dix ans quand tu m'as connu. A quatorze ans, lorsque je perdis mon père, tu me témoignas autant de bienveillance que ton maître. Dans les îles, tu fus mon seul ami, mon seul confident. De retour en France, tu me continuas cette même affection. Tu fus témoin des prières, des larmes amères que j'employai souvent pour adoucir la sévérité de M. Evrard Berny, pour l'engager à pardonner à son fils. Tu me secondais; mes vœux, mes actions étaient en tout conformes à tes actions, à tes vœux! quelle espèce de ressentiment peux-tu donc garder contre moi! — M. Adalbert! descendez dans le fond de votre cœur. Appréciez-vous et jugez-moi! — Je ne t'entends pas! — Vous m'entendez très-bien! — Je te jure... — Je vous salue.

Asselino veut quitter Adalbert. Celui-ci le retient par le bras : non, mon ami, lui dit-il, tu resteras un moment avec moi, et tu voudras bien t'expliquer. Tu assistas aux derniers momens d'Evrard; ce vieillard qui me chérissait, ne peut... t'avoir... prévenu contre moi. — Il l'était trop en votre faveur! — Trop? ai-je jamais démérité... —

Vous jouissez de sa fortune ; quelle plus grande preuve pouvait-il vous donner ?... — Je jouis de sa fortune ! mais tu sais toi-même ce qu'elle était sa fortune ! Ruiné par des naufrages qui engloutirent dans la mer toutes ses marchandises, est-il besoin que je te rappelle qu'il ne put réaliser qu'une somme modique pour lui, de cent cinquante mille livres !... A son lit de mort il appela Berny ; il lui donna le tiers de cette somme, et me laissa le reste par son testament. J'ai su m'en faire deux mille écus de rente, et voilà toute ma fortune, toute la sienne. — M. de Faskilan !... vous êtes un homme bien adroit ! — Comment !.... mais en vérité, il voudrait m'embarrasser ! Si tu sais quelque chose de plus que moi, pourquoi ne me le dis-tu pas? — Je ne sais rien, j'ignore tout, et je me retire. — Tu avais assez la confiance de ton maître pour juger qu'il n'y a rien de plus à ajouter à ce que je t'ai dit. — J'avais sa confiance... jusqu'à un certain point. — Ah! et c'est ce point auquel tu t'arrêtes qui te fait présumer... — Rien encore une fois!

Asselino se détourne et lève les yeux au ciel comme en disant: que ne puis-je parler! Adalbert remarque ce mouvement et se trouble. Il continue: Asselino, si tu voulais... Asselino! tu n'es plus mon ami. — Je le serai toujours de tout homme qui sera franc, probe et loyal! — Sais-tu que ce que tu me dis-là est plus que dur (*il s'efforce de sourire*), et qu'il me faut tout ce que m'inspirent ton âge, ton ancien attachement pour moi.... — Pourquoi me questionnez-vous ? vous savez bien que je ne puis vous répondre ! — Quel motif te ferme la bouche ? D'honneur, si quelqu'un écoutait notre conversation, il se dirait : voilà deux hommes qui se parlent en logogriphes. Dans tout cela tu n'as pas articulé un fait, et tu parais m'en vouloir. — Vous craindre. — Me craindre, toi ! et quel mal pourrais je te faire quand j'en aurais l'intention ? — Je n'ai jamais redouté personne, pas même les méchans. — Explique-toi donc ? — Monsieur !... vous emmenez, on vous confie notre jeune maître. — Sans doute ; eh bien ? — Une grande ville renferme une grande population. La société y est pleine d'êtres vicieux, d'intrigans, de faux amis, de faux amis sur-tout !... Eh! quel danger court un jeune homme sans expérience, si, dès son entrée dans le monde, il se trouve entouré de fourbes et d'hypocrites!

Adalbert sent que c'est à lui que s'adresse cette sortie. Il dissimule son dépit, feint d'avoir mal compris Asselino, et lui répond : oui, oh, cela est vrai, comme tu dis; il y aurait du danger pour Jules si je n'étais pas là; mais je saurai garantir ses pas des piéges qu'on pourra leur tendre. Je connais Paris, moi, et mon jeune homme n'y fera pas une démarche sans qu'elle soit guidée par mes conseils ou ma surveillance.... Est-ce que tu as fait part à M. Berny de ces terreurs peu obligeantes pour moi ? — Il ne m'est pas permis de donner des avis à mon maître. — Tu gardes donc pour toi ces réflexions ? tu fais bien. Je t'avertis, entre nous deux, que j'ai tout crédit sur l'esprit de M. Berny ; et malheur à quiconque tenterait de diminuer l'estime qu'il a pour moi ! — Malheur aussi à quiconque abusera de sa confiance! — Asselino, vous me manquez.... Mais s'il s'expliquait encore, ce vieux radoteur !

Asselino s'éloigne en lançant à M. de Faskilan un regard de mépris, et le laisse fort inquiet de tout ce qu'il vient d'entendre. Adalbert est très-persuadé qu'Asselino ignore ses secrets ; cependant il craint que le vieux serviteur n'en soupçonne quelque chose. Il revient à pas lents, et le but de ses réflexions le porte à se rassurer, sachant bien que Forville est seul dans sa confidence, et que cet ami, digne de lui, est incapable de trahir sa confiance.

Le lendemain, qui est la veille du départ de Jules, tous les préparatifs se trouvent faits. Les livres, les effets du jeune homme sont emballés; sa malle est prête, et l'on va se mettre à table pour la colation du soir, dont on a avancé l'heure, attendu qu'on doit se lever de grand matin.... Un particulier se présente, et le cri général est: c'est le père Augely!

Ce respectable religieux entre, et sa présence produit des effets bien différens sur tous les spectateurs. Monsieur, madame Berny se lèvent pour le recevoir. Asselino court à lui avec les témoignages de la joie la plus vive. Jules, qui ne connaît pas le père Mathurin, le regarde en silence, et M. Adalbert de Faskilan reste pétrifié, pâle comme s'il venait d'être frappé de la foudre. Asselino seul remarque son trouble et en jouit secrètement. Vous, mon père, ici, s'écrie M. Berny, et à cette heure ! — Messieurs, répond le bon religieux, et vous, Madame, j'ai l'honneur de vous saluer. Votre santé paraît aussi bonne que la mienne. Ah ! M. de Faskilan ! je ne l'avais pas remarqué.

Adalbert change de visage ; il prend un air gai, franc, ouvert. Il se précipite au cou du père Angely en disant : eh ! c'est vous, bon père, vous, mon ancien, mon meilleur ami ! que j'ai de joie de vous revoir ! qu'avez-vous donc fait depuis si long-tems que vous êtes absent ?.. Mais prenez donc un siége, mettez-vous à côté de moi. Forville, tu ne sais pas, salue Monsieur; tu vois en lui le plus digne ecclésiastique ! l'ami de mon père adoptif, de l'aïeul de Jules ; mais dites-nous donc pourquoi l'on ne vous a pas vu ?

Le père Augely va prendre une place entre monsieur et madame Berny. On lui offre de partager la colation ; il l'accepte, et l'on voit qu'Asselino s'empresse de le servir, de lui témoigner tous les égards. Le père Augely répond aux questions multipliées qu'on lui fait : J'avais quitté ces contrées, mon cher Berny, je m'étais éloigné de vous, de votre tendre compagne, pour aller adoucir au loin les derniers momens d'un frère qu'on m'avait dit être près d'expirer. Le bonheur a voulu que, toujours faible et souffrant, il vécût néanmoins encore deux années. Ma tendresse pour lui ne m'a pas permis de le quitter.... Mais enfin il est mort dans mes bras, je l'ai perdu ; ne voulant plus alors habiter des lieux qui m'auraient trop rappelé son souvenir, sachant d'ailleurs que j'avais ici d'excellens amis, je suis venu les retrouver, et me voilà. — C'est très-bien fait à vous, dit M. Berny. C'est le ciel qui vous envoie pour nous dédommager, par le charme de votre société, de l'absence de quelqu'un qui nous est bien cher. — Comment ? — Vous allez apprendre cela. Sans doute vous reprenez votre jolie maison du Mée ?

— Ah! ma jolie maison! vous êtes bien bon de la trouver telle. C'est un petit hermitage qui n'a de prix que par son jardin, son voisinage avec vous et avec madame la marquise d'Arancourt. Mais je ne la reprends pas encore, ma jolie maison;... une affaire m'appelle ailleurs. — Bon; où donc? — A Paris. Oui, dans deux jours je pars pour Paris!

Le père Augely appuie sur ces deux mots *Paris*, en regardant froidement Adalbert, qui semble un peu déconcerté. Ah! vous allez à Paris, reprend M. Berny! quel bonheur, Aura, notre bon ami va justement dans cette ville où notre fils doit séjourner! — Jules, s'écrie le père Augely? Quoi! Jules?... Mais à propos, le voilà sans doute, cet aimable Jules que je n'ai vu que dans son enfance, et qui ne peut me reconnaître. Jeune homme, permettez que je vous embrasse.

Le père Augely se lève; madame Berny fait un signe à son fils qui court se jeter dans les bras du bon religieux. Celui-ci l'embrasse avec une effusion remarquable. Quelques larmes même semblent mouiller ses paupières. Il continue : Jules, vous ne me connaissez pas ; vous ignoriez que vous eussiez en moi un ami zélé, qui vous chérit, qui brûle de vous donner mille preuves de son affection. — Mon père, reprend Jules, mes parens m'avaient appris d'avance à vous honorer, à vous aimer. — Bien, bien, Jules! — Jules, interrompt Adalbert, peut compter sur deux vrais amis dans le respectable religieux et moi.

Le père Augely ne jette pas seulement un regard sur Adalbert. Il continue : Combien je jouis de voir un homme dans le fils de deux personnes que j'aime comme un frère tendre ! Il a vingt ans, ce cher Jules, n'est-ce pas ? Oui, il doit avoir vingt ans. C'est l'âge des passions. Ah ! il faut qu'il veille bien sur ses liaisons. — Il n'en peut faire que d'estimables, reprend Adalbert. Demain je l'emmène à Paris, et les personnes qu'il verra chez moi ne sont propres qu'à former son cœur et son esprit.

Le père Augely ne lui répond pas, et dit tout bas à M. Berny : Je voudrais vous parler. — Demain, je suis à vos ordres. — Non, ce soir même. — Nous allons nous retirer.

M. Berny est étonné du vœu que forme le père Augely. Adalbert est très-inquiet de ce qu'ils se disent à l'oreille ; et madame Berny, sur un signe de son mari, se lève de table en engageant tout le monde à se livrer au repos du sommeil.

I I.

> Eh, qui sait si tous les fous et les méchans de la terre ne se sont pas ligués contre le repos d'un père de famille trop crédule et trop confiant !

Adalbert voudrait bien suivre le père Augely ; mais un bonsoir honnête et répété l'éconduit. Il est forcé de monter avec son ami Forville dans son appartement. Madame Berny embrasse son fils en versant quelques larmes ; Jules et Aloyse se séparent en soupirant. L'oncle Dabin, qui tombait de sommeil à table, a pris sa lumière ; tout le monde laisse le père Augely libre de causer avec M. Berny. Eh quoi, mon ami, dit le religieux en marchant, vous envoyez votre fils à Paris? —Il le faut bien, mon père. Ce jeune homme n'a point d'état ; le barreau lui convient, et ce n'est qu'à Paris.... — Y pensez-vous ? Paris, sans doute, est le centre des lumières ; néanmoins vous avez un parlement à Aix, ici tout près, et l'on peut y faire son stage comme à Paris. — Fort bien ; mais irai-je à Aix, moi qui me suis voué à une vie casanière ? Irai-je m'établir dans cette ville pour y veiller sur les travaux, sur les mœurs de mon fils ? Je n'ai point d'ami qui puisse me remplacer ailleurs qu'à Paris. Adalbert sera là ; il remplira auprès de Jules tous les devoirs d'un père, et Adalbert est digne de cette honorable fonction. — Adalbert!.... je.... je n'en doute pas. — C'est un homme sensé, qui a de l'expérience, et, je le crois, une moralité à toute épreuve. — Je veux le croire comme vous.... Cependant, connaissez-vous bien Adalbert ? — Dans tous les rapports qu'il a eus avec moi, il s'est toujours comporté comme un homme d'honneur. — Cela est.... vrai. Je parierais que c'est lui qui vous a conseillé de donner un état à Jules.... — C'est lui, en effet, qui m'y a fait penser. — Il n'a point d'état, lui, Adalbert ; il mange, au sein des plaisirs, de la dissipation, les six mille livres de rente que lui a laissées votre père. — Est-ce six mille ? Je n'y ai jamais fait attention. (*Il soupire*). — Oui, six mille à-peu-près. Adalbert est célibataire, et cela ne parle pas en faveur de ses mœurs. Plus jeune, il avait des passions..... s'il n'a point de femme, il faut qu'il en trouve ailleurs. Cette réflexion est peu digne de mon caractère ; mais elle est forte, et fait présumer que Jules aura chez lui de très-mauvais exemples sous les yeux. — Pourquoi ?... Tous ceux qui connaissent Adalbert ne le regardent nullement comme un homme vicieux. Il remplit tous les devoirs de l'honnête homme, jusqu'à ceux de la religion, dont il se montre le plus zélé sectateur. — Serait-il devenu dévot ? — Je ne dis pas cela. On n'est pas dévot pour aller à la messe de sa paroisse, pour secourir les indigens, et pratiquer, sans rigueur; tous les devoirs de sa religion; c'est ce qu'Adalbert fait très-exactement. Je puis vous montrer vingt lettres qui attestent.... — Eh, mon ami! pardon de ma réflexion; mais avec de la probité, de l'instruction, de l'esprit même, vous avez toujours eu peu de prévoyance et de fermeté. Mon amitié pour vous me donne le droit de vous dire que vous ne savez pas juger les hommes. — Celui-ci est-il si difficile à deviner? — Peut-être plus que vous ne pensez. — Expliquez-vous. — Je ne le puis.... ni ne le dois. — Sauriez-vous sur Adalbert?... — Je n'ai rien à dire sur son compte; mais je ne lui confierais pas mon fils. — Vous m'effrayez. Quelle raison? — Je n'en ai point d'autre à donner que ma propre opinion ; et , je le répète, si j'avais un fils, ce ne serait pas Adalbert que je choisirais pour le former. — Vous êtes un homme plein de sagesse, de prudence , et vous condamnez Adalbert sans apporter aucune preuve à l'appui de votre jugement ! — Berny ! (*Il lui prend la main.*) croyez à mes pressentimens ! — Quels sont ces pressentimens, mon père ? Vous m'inquiétez à un point !... — Pourquoi faut-il ?.... Berny , retenez votre fils ! — Le puis-je décemment ? C'est demain matin qu'ils partent. Quel motif, quelle raison puis-je alléguer à Adalbert en lui faisant l'affront le plus sanglant ? Si vous m'éclairiez au moins ? — Je n'ai point, moi, de griefs personnels à lui reprocher. Je ne puis vous dire...mais cet homme m'est suspect. — Suspect!...

M. Berny est plongé dans le plus grand étonnement. Il fait entrer le religieux chez lui, où Asselino est occupé à préparer à son maître tout ce qui lui est nécessaire. La joie brille dans les regards, dans tout le maintien d'Asselino. M. Berny, en posant sa lumière sur une cheminée, croit voir dans la glace que son vieux serviteur fait des signes d'yeux au père Augely. M. Berny se retourne. Qu'as-tu, demande-t-il à Asselino? — Rien, Monsieur; je témoigne seulement au bon père combien je suis ravi de le revoir. C'est que nous nous sommes vus là-bas, nous, au milieu des sauvages; ah ah!... il n'y faisait pas bon! Le bon père était missionnaire là. Il avait été en Alger racheter des

captifs ; ah, s'il vous contait cela !
— Tais-toi. Il a déjà eu la complaisance de m'en faire le récit plusieurs fois. Pour le moment, nous sommes occupés d'autre chose. Je reviens, mon respectable ami, à votre mot de suspect; il est fort ! Que redouteriez-vous enfin d'Adalbert pour votre fils, si vous en aviez un ? — Que sais-je ! Et que peut gagner un jeune homme avec un hypocrite ? — Ah ciel ! un hypocrite, Adalbert ? Comme vous le traitez ! Mais, mon ami, voilà la première fois que vous m'en parlez sur ce ton. Autrefois vous ne me faisiez que son éloge. — Autrefois, Berny !... (*Il soupire.*) votre fils était un enfant. Il n'avait pas encore besoin des conseils, de l'appui de l'amitié.... Les tems sont changés.

C'est un homme aujourd'hui, et il faut, oui, il faut!... qu'il soit un homme accompli!... N'est-ce pas votre vœu ? — Sans doute, et celui de sa mère.... Mais vous appuyez sur ce mot *il faut!*... Dieu, que me rappelez-vous là ! Quel trait de lumière vient m'éclairer ! Seriez-vous, ô mon père, cet ami fidèle qui me fut annoncé par un inconnu, le lendemain même du jour où Jules fit sa rentrée ici ? — Que voulez-dire ? Je ne vous entends pas. — Quel rapprochement ! C'est que vous parlez absolument comme lui. Attendez, attendez, je les ai là ces lettres mystérieuses. *Vous avez un ami,* m'y dit-on, *écoutez-le, écoutez-le bien.* Oh ! j'ai retenu ces expressions ; mais je vais vous les faire lire.

M. Berny ouvre un secrétaire ; en tire les quatre lettres anonymes qu'on a vues dans le premier volume de cet ouvrage, et les donne au père Augely. Le père Augely les lit avec attention ; puis, les rendant à son ami, il lui dit avec le plus grand phlegme : Que signifie tout ce fatras ? — Je vous le demande ; car je n'y ai jamais rien compris. — Quelle est la personne qui vous a écrit cela ? — Je l'ignore, moi ; mais vous la connaissez sans doute, vous qui parlez dans son style ? — Je ne vois pas qu'on vous y dise rien sur M. de Faskilan ? — Non, mais on y dit comme vous, que mon fils doit être vertueux, qu'*il faut* qu'il soit vertueux ; sinon il doit s'attendre aux plus grands malheurs. — Je ne connais nullement cette écriture, et je ne sais ce que vous voulez me dire. Je parle d'après moi, pour moi, au nom de l'amitié ; et le conseil que je vous donne ne m'est suggéré par personne que par ma propre conscience.

M. Berny regarde fixement le père Augely, qui n'éprouve aucune altération, et qui paraît au contraire réfléchir profondément. Montrez-moi encore ces lettres, dit le bon religieux.

Il les relit, les examine ; puis il s'écrie : Voilà qui est bien singulier ! Quel être existe au monde qui puisse s'intéresser à vous, à votre fils !.... Cette écriture, absolument nouvelle pour moi !.... et pas un individu sur qui mes soupçons puissent se fixer !.. — Mon père, vous êtes un homme franc,

et je suis convaincu que vous ne jouez point ici la surprise.....
— Moi, jouer la surprise! Mon ami, le mensonge n'a jamais prophané mes lèvres, et j'espère que vous en aurez des preuves. Si je suis étonné, c'est que.... il y a vraiment dans ceci de quoi confondre l'esprit. — N'est-il pas vrai? Cela nous a long-tems inquiétés, ma femme et moi.... J'insiste cependant. Si vous êtes cet ami précieux qu'on nous annonce, bon père Augely, pourquoi nous le cacher? — Je suis votre ami, sans doute, et peut-être le plus sûr que vous ayez; mais si c'est moi qu'on a voulu désigner dans cette lettre, il faut que celui qui l'a écrite me connaisse.... oh, parfaitement; et je prends Dieu à témoin, moi,

qu'il n'existe plus sur la terre, hors vous, votre femme et votre fils, aucun individu auquel je m'intéresse, ou qui s'intéresse à moi.... Ainsi vous voyez..... — Ceci vraiment est surnaturel ! Au surplus, je me suis toujours dit, et je vous le répète, que je n'ai ni affaire malheureuse, ni secret de famille à craindre ou à cacher. Si l'on veut faire de moi un héros de roman, on y perdra son tems. Ces lettres, dont vous ne connaissez ni l'auteur, ni le style, ni l'écriture....
— Je le jure ! — Ces lettres sont, ainsi que nous l'avons prévu, l'ouvrage de quelque fou qui s'amuse ou qui veut nous intriguer. Elles vont dormir dans ce tiroir, jusqu'à ce qu'il en arrive une cinquième. Eh qui sait si tous les fous et les méchans de la

terre ne se sont pas ligués contre le repos d'un père de famille trop crédule et trop confiant peut-être ; car tout cela me tourne la tête. Voilà que vous abondez dans le sens de l'écrivain anonyme, en me répétant, avec un soupir, qu'*il faut* que mon fils soit accompli. J'ai ce *il faut* là sur le cœur ! Et il semble, si j'en crois vous et l'anonyme, que Jules est destiné aux aventures les plus bizarres s'il s'écarte de l'honneur et de la probité. Et vous me direz que vous n'avez pas vos raisons tous les deux pour me tenir le même langage ! — Mon ami, vous vous échauffez. — Eh qui serait tranquille à ma place ? C'est au moment même où mon fils va partir avec Adalbert, que vous me donnez un avis tardif et vraiment inquiétant sur cet Adalbert que j'estimais, qu'on avait eu l'air d'estimer jusqu'à-présent. Remarquez qu'on ne cite pas une preuve. On s'effraie, on m'effraie, sans me dire, sans savoir apparemment pourquoi. De deux choses l'une : ou c'est un mauvais sujet, alors je lui retire mon fils ; ou l'on cherche à le calomnier, et dans ce cas je le lui laisse.

Le père Augely veut sortir en disant : Ah, Berny, quel outrage vous me faites !—Mon père... pardon ; mais...—Vous avez bien quelques traits du caractère bouillant de votre père. Au moins, il ne fut jamais injuste envers moi. — Pardon, encore une fois, bon et véritable ami. Aussi vous avez troublé ma pauvre tête à un point...Cependant pour vous prouver que je fais un cas particulier de vos avis, demain matin, de bonne heure, nous causerons encore de cela avec ma femme, et nous chercherons un prétexte honnête pour faire manquer le départ de Jules, retirer ma parole, garder mon fils chez moi, et ne me conduire dorénavant que d'après vos sages conseils. — Bien, mon cher Berny. Votre félicité l'emporte sur les difficultés que j'éprouve, que j'éprouverai sans doute encore à... remplir mon devoir, et à ce titre, j'oublie aisément le petit mouvement de vivacité que vous avez eu tout-à-l'heure envers moi. Embrassez-moi, Berny, et promettez-moi de garder Jules. — Si je le puis, sans rompre ouvertement avec un homme à qui je n'ai rien à reprocher, je vous le promets. — A demain donc ; bonsoir, mon cher Berny.

Asselino, au comble de la joie, prend une lumière et conduit à la chambre qui lui est destinée le bon religieux qui lui dit en chemin : De bonne heure, demain, Asselino ? j'ai à te parler en secret.—Je m'en doute, et moi, de mon côté, j'ai bien des choses à vous dire. —Vas retrouver ton maître pour qu'il ne soupçonne rien. — J'y cours.

Puisque mon lecteur a suivi avec moi chacun de nos amis à son appartement, passons ensemble devant celui où sont retirés Adalbert et Forville ; en prêtant l'oreille, nous y entendrons peut-être quelques mots de leur conversation.

D'abord Adalbert a fait venir son valet Faustin, serviteur digne de lui. Faustin, lui dit Adalbert, cette nuit, à quatre heures juste, la chaise de poste ? — Oui, monsieur. — Qu'elle sorte d'ici sans bruit, et conduis-la le plus doucement possible derrière le mur du jardin, au fond, au pied de la montagne. — Oui, monsieur. — Prends garde de réveiller qui que ce soit des maîtres de la maison ? — Oui, monsieur; mais les domestiques, celui qui m'ouvrira la porte m'interrogeront peut-être.—Tu leur diras que tu exécutes mes ordres et ceux de M. Berny.—Oui, monsieur.—Allons, vas te coucher, et debout à quatre heures ?

Faustin se retire. Quel est ton projet, demande Forville à Adalbert ? —Un moment, tu le sauras. Mon crayon, mes tablettes, un carré de papier ? Bon, j'ai tout ce qu'il me faut. — A qui écris-tu ? — A M. Berny. — A M. Berny ? — Tu ne vois pas que ce caffard de religieux va détruire mon ouvrage. Il m'abhorre ; il m'a toujours détesté. Il est capable de me calomnier de cent manières pour empêcher Berny de me confier son fils. — Eh bien ? — Eh bien ; tu ne devines pas ce que je veux faire : Pendant qu'ils dormiront tous, j'enlèverai le jeune homme. — L'enlever ! — Tu es étonné de tout. Laisse-moi faire, tu me verras agir ; seconde-moi seulement. Mais, vîte au lit ; nous n'avons pas beaucoup de tems à dormir.

A quatre heures en effet Adalbert et Forville sont levés, habillés, prêts à partir. Adalbert monte à la chambre de Jules : Allons, mon ami, lui dit-il à travers la porte ; on vous demande ; êtes-vous levé ? — Dans l'instant, répond Jules.

Jules croit que son père le fait réveiller. Il est prêt en dix minutes, et sort, un petit paquet sous le bras. C'est le seul qu'il doive emporter ; car, pour ménager du tems, et par l'effet d'un hasard qui a toujours bien servi Adalbert, les domestiques avaient rangé, la veille, et placé sur la voiture de voyage, la malle, les livres, les plus gros effets de Jules.

Ainsi Jules, absolument prêt, rencontre Adalbert sur l'escalier. Adalbert l'embrasse, le comble de caresses. Nous partons, dit-il, et à l'instant, mon jeune ami. — Quoi, sans faire mes adieux à.... — Votre père, qui a craint sa faiblesse, m'a ordonné hier soir, d'éviter des adieux douloureux, en vous emmenant avant que l'on fût levé dans la maison. Il a redouté les larmes que votre séparation aurait coûtées à votre mère, à votre cousine, à tous vos amis; et cette mesure de prudence que vous approuvez sans doute, m'a paru très-sage. — Je ne verrai donc pas ces êtres si chers! Ah, monsieur....

Jules fond en larmes. Adalbert le console, l'embrasse, l'empêche de pousser des cris, et l'entraîne par la main, en lui répétant: C'est par ordre de votre père, Jules! il faut obéir à votre père! Je vous l'ordonne aussi, moi, par tous les droits qu'il m'a remis sur vous!

Qu'on se mette à la place de Jules, enfant soumis, obéissant, et qui ne peut se douter de la violence qu'on exerce contre lui. Il respecte l'ordre de son père ; il se laisse entraîner par les deux amis, dont l'un lui est déjà bien cher, et il ne dit adieu qu'au seul jardinier qui leur ouvre la porte. Ce jardinier, qui sait que Jules doit partir avec Adalbert, n'a pas le droit de questionner celui-ci sur l'heure prématurée à laquelle il sort. Jules lui prend la main, lui fait ses adieux, sort ; puis, se retournant, le cœur serré, les yeux chargés de pleurs, il s'écrie : A présent !... quand te reverrai-je, ô toit paternel !...

Bientôt, mon ami, lui répond Adalbert ; oui, bientôt !

Et il le traîne, et il l'emporte, pour ainsi dire, jusqu'à la voiture où Faustin les attend. Tout cela s'est fait sans que personne de la maison ait rien vu, rien entendu.

Notre jeune homme est placé, faible et presque inanimé, entre Adalbert et Forville, qui le consolent de tout leur pouvoir. Faustin monte en postillon sur le cheval palonnier, et la chaise vole!...

Adieu, chère Aloyse, se dit mentalement Jules.

Et mon lecteur et moi, nous pouvons dire à Jules : Adieu, jeune homme ! tâche de revenir au toit paternel, aussi bon, aussi heureux que tu l'étais en le quittant!...

III.

Il y a dans la vie des circonstances où l'on redoute l'homme faux et perfide, sans avoir encore des preuves suffisantes pour le dévoiler. On le juge par cet instinct que donne la probité. Et lui, qui se connait, vous craint, vous fuit, accablé par cet ascendant que la vertu a toujours sur le vice.

On était dans le mois de mai. La faible clarté de l'aurore naissante avait éclairé le départ de Jules. Le soleil commençait à décrire sa carrière quand le révérend père Augely, descendant de son appartement. rencontra le bon Asselino qui était aussi matinal que lui.

Viens, Asselino, lui dit le religieux en lui prenant le bras, viens causer un moment avec moi dans la cour.

Il l'emmène et continue: Qu'est-ce que ces quatre lettres si bizarres que m'a montrées hier soir M. Berny? — Mon père.... vous les avez lues. — Sans doute, et je n'y ai rien compris d'abord; mais en y réfléchissant bien, cette nuit, je crois en avoir deviné l'auteur. — Bon! — J'en connais l'auteur, te dis-je, et je m'étonne que tu ne me le nommes pas. — Vous sauriez?... — Asselino, aurais-tu des secrets pour moi? — Vous penseriez, mon père!.... — Quel motif as-tu de ne pas m'avouer?... — C'est à vous, mon père, à m'instruire.... — De ce que tu sais mieux que moi? — Vous sauriez qui a écrit ces lettres? Cela serait bien étonnant. — Eh oui, homme dissimulé. Pourquoi m'en faire un mystère?..... C'est toi. — Moi, mon père! vous connaissez mon écriture?— Oh, tu as pris une main étrangère. — Je vous jure..... — Ne jure point, Asselino. Je sais quel est ton attachement pour ton maître et sa famille. Tu as été le confident d'un vieillard bien sévère ; tu as reçu ses derniers soupirs. Asselino, la crainte de voir ses prédictions se vérifier.... Tu m'entends?.... Tu auras fait écrire ces lettres pour frapper l'imagination de M. Berny, pour le forcer à surveiller l'éducation de son fils, quoique nous soyons tous certains qu'il ne veut que le diriger vers le bien. Et tu me cachais cela, à moi! — Encore une fois.... — Lorsque tu appris la mort de mon frère, et que ne me voyant plus aucun lien qui m'attachât dans sa province, tu m'écrivis pour m'engager à revenir au plutôt au Paradis, où ma présence était nécessaire pour contrarier les projets d'un homme faux, perfide, je compris que l'homme dont tu me parlais était Adalbert, et je partis. Arrivé hier ici, tu t'empares de moi le premier; tu me témoignes tes craintes de ce que je ne sois arrivé trop tard; tu me fais pour ainsi dire ma leçon, et tu ne me dis pas un mot de ces lettres dont tu es l'auteur ! Asselino, c'est me témoigner une méfiance qui m'afflige.

Asselino paraît embarrassé. Il répond : Que vous connaissez bien mal mon cœur et mon attachement pour vous, mon révérend père ! Ne vous aurais-je pas communiqué cette particularité, si cela eût été en mon pouvoir ! Mais, aussi étonné que vous lorsque mon maître reçut ces lettres à différentes époques, je ne pensai point, hier, à vous en parler. C'est vous dire assez que je n'en suis point l'auteur. — Tu ne les as pas dictées ? — Non, mon père. — Oserais-tu m'en faire le serment ? — Je le jure.... sur l'honneur ! — Ce mot me rassure dans ta bouche, et je te crois. A présent, Asselino, quel est donc cet anonyme qui nous est à tous deux également inconnu ? — Cherchez à votre tour. — C'est en vain, absolument en vain que je creuse ma mémoire. Ce n'est ni

Adalbert, ni toi, ni moi; et nous sommes les trois seules personnes qui puissions porter cet intérêt à la famille Berny. — Je le crois. — J'en suis certain. As-tu fait quelques démarches pour découvrir cet inconnu ? — Beaucoup : d'abord, pour ma propre curiosité ; ensuite, pour obéir aux ordres de mon maître, que ces avis secrets inquiétaient avec raison. — Et tu n'as pu réussir ? Cela est d'autant plus singulier que, dans les derniers jours qui précédèrent.... Mais, est-ce à toi ou à moi qu'en veut le jardinier de cette maison ?

Le jardinier du Paradis s'avance en effet d'une manière timide, et comme hésitant de troubler une conversation. Que veux-tu, Charles, lui demande Asselino ? —Monsieur Asselino, pardon. C'est une lettre que voici, et qu'on m'a remise pour Monsieur. — Une lettre, sitôt? Il est à peine cinq heures. Tu l'as donc reçue hier? — Non, c'est cette nuit. Monsieur Adalbert.... — Monsieur Adalbert est donc déjà levé? — Bah! il est bien loin, ma foi. A quatre heures, il est parti avec son ami (*Il soupire.*) et avec notre cher Jules. — Que dis-tu? Jules est parti; il a emmené Jules? — C'était d'après un ordre de Monsieur; voilà ce qu'ils ont dit. — Monsieur n'a point donné cet ordre. Je ne l'ai quitté hier qu'au moment où il s'est mis au lit; je l'aurais bien entendu, peut-être. Et Jules, comment donc a-t-il quitté cette maison sans faire ses adieux aux auteurs de ses jours?

— Je n'en sais rien ; mais il pleurait à chaudes larmes, le bon jeune homme ! — Ils lui auront fait accroire...

Asselino s'interrompt, regarde le père Angely, et s'écrie : Eh bien, mon père, qu'en dites-vous ? — Je dis que c'est une espèce d'enlèvement que cela. Ils ont des projets. — Quels projets ? Voilà ce que je ne conçois pas. — Ni moi non plus ; mais ils en ont. Je crois que cela deviendra clair maintenant aux yeux de M. Berny. Cette conduite....
— L'offensera, j'en suis sûr. Ils vous ont craint. — Adalbert connaît la rigidité de mes principes ; il sait que je lis dans les plus secrets replis de son cœur. Je lui ai assez prouvé ma perspicacité dans les tems qu'il flattait le bonhomme Evrard, son père adoptif. Et si ce

vieillard entêté eût suivi mes conseils, il n'aurait pas déshérité son propre fils aux dépens d'un étranger. Mais son aveuglement était extrême ; et M. Adalbert de Faskilan ne me sait pas de gré de la manière franche et loyale dont je me suis conduit alors à son égard. Dans cette affaire, il m'a vu arriver ; il s'est douté que je pourrais le peindre tel qu'il est à M. Berny ; il a craint qu'on ne lui confiât point un enfant dont je ne sais ce qu'il veut faire ; mais, encore une fois, il a des projets Oh, mon faible ami Berny ! plaise au ciel que le malheur que nous redoutons tous n'arrive jamais !... Il faut réveiller ce père trop confiant. —Il l'est ; ses croisées sont ouvertes. Le voyez-vous même qu'il prend l'air frais du matin. Il nous voit. Il nous appelle.

Asselino répond d'en bas à M. Berny : Oui, oui, Monsieur, nous montons chez vous.

Le religieux et lui s'y rendent en effet. J'ai, mon ami, lui dit le père Augely, une jolie nouvelle à vous apprendre. — Laquelle ? — D'abord, dites-moi si vous avez réfléchi sur notre entretien d'hier soir ? — J'y pensais encore tout-à-l'heure ; et, comme je vous estime assez pour croire que vos terreurs peuvent n'être pas sans fondement, je suis vraiment décidé à ne pas confier mon fils à M. de Faskilan, si ma femme y consent. Elle est matinale aussi ; bientôt nous passerons chez elle, et nous causerons. Mais quelle est cette nouvelle? — Elle est, mon ami, que tous nos plans sont dérangés. Il est trop tard maintenant pour consulter votre femme, pour agir avec fermeté. Jules est parti. — Comment? — Oui. Adalbert et son ami l'ont fait monter dans leur chaise, et ma foi la chaise est loin maintenant. — Cela se peut-il? il aurait... — Voici une lettre que votre prétendu frère a laissée pour vous à votre jardinier. — Voyons cette lettre.

M. Berny la lit tout haut :

« Cher frère, bon, excellent ami,
« vous me saurez gré sans doute
« de vous avoir épargné, ainsi qu'à
« la trop sensible Aura, la douleur
« d'une séparation toujours accom-
« pagnée de soupirs et de larmes
« de la part de tendres parens; ma

« bonne sœur avait hier soir les
« larmes aux yeux ; vous-même
« étiez fort ému. Aloyse paraissait
« prête à perdre connaissance ;
« Jules avait le cœur serré ; jusqu'à
« l'oncle Dabin qui ne pouvait pas,
« contre son ordinaire, prononcer
« une seule parole. Mon ami m'a
« représenté que je rendrais le plus
« grand service à une famille cons-
« ternée, si je lui épargnais la dé-
« solation qui accompagne toujours
« des adieux. J'ai résisté long-tems
« aux avis de Forville ; mais à la fin
« il m'a décidé. Comme tout était
« convenu entre vous et moi, je
« n'ai pas vu d'inconvénient à de-
« vancer votre réveil, l'heure de
« notre départ, et nous sommes
« montés en voiture à quatre heures
« un quart. N'accusez pas Jules

« Le pauvre ami versait des lar-
« mes en abondance. Que fût-il de-
« venu s'il eût reçu de vous, de sa
« mère, le baiser paternel et de
« tristes adieux ! Je crois qu'il au-
« rait fallu l'emporter privé de con-
« naissance. J'ai été obligé pour le
« consoler, de lui faire valoir un
« prétendu ordre que vous m'au-
« riez donné pour partir sans vous
« voir, sans affliger sa tendre mère;
« et l'excellent cœur de Jules a sa-
« crifié ses regrets à la soumission
« filiale. Quel bon jeune homme !
« et qu'il me sera doux, si Dieu me
« prête son assistance, de guider
« ses pas dans le sentier de l'hon-
« neur et de la vertu ! Cette tâche
« si honorable, je me la suis im-
« posée, et je la remplirai à la sa-
« tisfaction de tout le monde, dus-

« sé-je y sacrifier jusqu'à mon re-
« pos. Former un sujet tel que
« Jules, est un devoir sacré pour
« un honnête homme.

« J'ai changé de projet. Nous
« n'irons pas tout de suite à Arles,
« à Marseille, comme nous nous
« l'étions proposé; mais nous vous
« écrirons à chaque poste pour ainsi
« dire, et notre nouveau plan hâ-
« tera notre arrivée à Paris, qui est
« notre unique but. Là, comme un
« père avec son fils, nous réglerons
« l'emploi de nos momens; ils se-
« ront tous au travail, et je vous le
« répéterai cent fois, mon jeune
« homme ne fera certainement pas
« une démarche sans moi. Je veux
« en tout point justifier votre con-
« fiance. Elle m'honore; mais elle
« ne m'étonne pas; j'avoue que je

« crois la mériter. Adieu, cher
« frère, bon, excellent ami; faites
« agréer mes hommages à ma sœur,
« la plus respectable femme que je
« connaisse. Votre fils et moi, nous
« vous quittons, il est vrai; mais
« nous vous laissons un ami bien
« précieux, ce vénérable, ce digne
« père Augely. Heureux qui peut
« suivre les sages conseils de ce
« modèle de toutes les vertus; celui
« qu'il daigne honorer de ses avis est
« bien sûr de jouir de la plus douce
« tranquillité dans cette vie, et de
« l'ineffable béatitude dans l'autre.

« Adieu encore une fois, bon
« ami. Embrassez pour nous tous
« ceux qui vous aiment, sans ou-
« blier le bon Asselino, le plus
« fidèle de tous les serviteurs. »

ADALBERT DE FASKILAN.

Est-il faux, cet homme-là, s'écrie Asselino emporté par un mouvement d'humeur! — Faux, répond M. Berny, je ne vois pas cela. Ce qui me paraît clair, c'est qu'il n'a pas en vous deux amis bien zélés, tandis que lui ne parle de vous qu'avec les éloges que vous méritez. — Des reproches, mon ami, dit le père Augely, dans un moment où vous devriez demander des conseils! — Mais, réplique M. Berny, lisez donc cette lettre, voyez donc comment Adalbert s'exprime sur votre compte, sur celui d'Asselino.

— Pour moi, interrompt Asselino, je sais qu'il ne peut pas me souffrir; ainsi.. — Tais toi.. et sots.. laisse-moi seul discuter avec ce bon ami, qui au moins me donnera des motifs de l'aversion qu'il a vouée à ce pauvre Adalbert.

Asselino se retire, désolé de l'injustice de son maître.

Mais, des motifs, poursuit le père Augely! est-ce que cette conduite ne vous ouvre pas les yeux, Berny? — Elle m'afflige, il est vrai; elle m'a privé du bonheur d'embrasser mon fils. Cependant je ne vois pas... — Vous ne voyez pas, mon cher Berny, que cet homme-là a brusqué son départ, parce que mon arrivée ici l'a déconcerté, parce qu'il me craint, parce qu'il sait enfin que je le connais... à fond. — Eh bien, que tardez-vous à me le faire connaître à moi? — Il y a dans la vie des circonstances où l'on redoute l'homme faux et perfide, sans avoir encore des preuves suffisantes pour le dévoiler. On le juge par cet instinct que donne la probité ; et lui qui se connaît, vous craint, vous fuit, accablé par cet ascendant que la vertu a toujours sur le vice. — Ce ne sont alors que des soupçons, ou des pressentimens, si vous voulez. Or, l'homme ferme et vraiment sensé règle-t-il son jugement sur des pressentimens ou des soupçons ? Vous employez les grands mots d'homme faux et perfide, vous le supposez vicieux, et tout cela parce qu'il témoigne le desir de m'obliger en se chargeant de l'éducation de mon fils. Quel but peut-il avoir, voyons; citez m'en un raisonnable? Attend-il quelque chose de lui, de moi ? A-t-il des motifs pour haïr ma famille, à qui il doit sa fortune ? A-t-il en un mot un intérêt quelconque à nous tendre des piéges? et quels piéges? En vérité, plus j'y songe, et plus je crains que votre amitié pour nous, que l'excès de votre prudence ne vous égare, mon ami, sur le compte d'un homme qui vous estime, vous respecte, qui vous regarde comme *un modèle de toutes les vertus*, ce sont ses expressions. A la vérité, il a emmené Jules, et cela me semble un peu brusque : mais il en donne les raisons; il a voulu épargner à sa cousine, à sa mère, à moi, à sa mère sur-tout, le chagrin d'une séparation toujours douloureuse, quelque légitime qu'en soit la cause. Il se sert des termes les plus flatteurs pour vous, pour moi, pour mon fils, et même pour ce bourru d'Asselino, que je n'aurais pas cru ingrat à ce point ! et... — Fort bien ; traitez-nous tous d'ingrats, d'hommes injustes ; tout comme il vous plaira. C'est ainsi que nous serons dédommagés de l'intérêt que nous vous avons voué pour la vie... Oui, pour la vie ; (*avec sentiment*) malgré vous, homme faible et peu prévoyant ! je vous servirai ; oui, sans votre aveu ; et malheur au M. de Faskilan s'il justifie les terreurs dont, sans savoir au juste pourquoi, mon cœur sensible, trop sensible, est pénétré !... Je vais à Paris, moi, j'y vais aussi. Un de mes confrères, un religieux missionnaire, m'a offert cent fois, mille fois de partager son logement dans une pieuse maison qu'on appelle *la Doctrine chrétienne*, située... dans je ne sais quelle rue, j'ai son adresse sur ses lettres... je cours m'établir là, dans la même ville, près de M. Adalbert, de Jules, et je veillerai, en bon père, sur le jeune homme, sur son guide, puisque vous n'avez pas la force de le faire vous-même.

M. Berny embrasse le père Augely, en lui disant : Excellent homme ! oh, quel service vous me rendez ! puisqu'enfin vous avez des craintes, et que ces craintes peuvent être fondées, vous agissez bien, et vous m'obligerez beaucoup de prendre ce parti. Il nous privera du bonheur de vous voir ; mais nous vous saurons près de Jules, vous nous écrirez souvent, et cette douce correspondance, vos observations sur Adalbert, sur mon fils, tout trompera pour nous l'ab-

sence du plus zélé de tous les amis !
— Il n'y a que ce moyen. C'était mon projet d'abord; et j'ai remarqué hier soir que cet Adalbert a changé de couleur quand je lui ai dit que j'allais m'établir à Paris. — Mais encore une fois, pourquoi ?
— Ah, pourquoi, pourquoi, et toujours pourquoi ? c'est ce que le tems nous dévoilera.

Nos deux amis causèrent longtems sur cette affaire qui tourmentait M. Berny, sans néanmoins l'inquiéter beaucoup. Il est certain qu'on ne lui parlait qu'en demi-mots, qu'on ne lui alléguait aucun motif de l'espèce de mépris qu'on témoignait pour Adalbert. Madame Berny, qui ignorait les deux conversations que son mari avait eues avec le religieux, la veille et le matin, s'alarma bien plus que M. Berny de tout cela. Elle fut désolée, piquée même, de ce que Adalbert s'était permis d'emmener son fils sans lui laisser la satisfaction de l'embrasser, de lui donner de légers cadeaux qu'elle se promettait de lui faire au moment de son départ. Cette tendre mère versa des larmes, blâma Adalbert, et ne fut pas du tout éloignée de partager les alarmes que sa conduite, au moins très-légère, inspirait au père Augely. Elle se consola néanmoins en apprenant le projet que ce bon ami avait formé d'aller surveiller son fils ; et elle se promit d'attendre la première lettre de M. de Faskilan, pour lui répondre d'une manière très-sévère sur l'indécence de son procédé.

En conséquence, le père Augely fit ses préparatifs, dit adieu à ses amis, et partit pour aller fixer son domicile à Paris, maison de la Doctrine chrétienne, rue des Fossés-Saint-Victor.

IV.

Tu vas entrer dans la société, Jules : ne blâme pas les premiers originaux que tu y rencontreras ; car, à mesure que tu verras le monde, tu t'apercevras aisément que les hommes ne font que varier de ridicules.

Le départ de Jules avait répandu la tristesse, le deuil et l'ennui dans la maison du Paradis, naguère le séjour de la paix, du calme et du bonheur. Pendant les six jours qui suivirent son départ, et qui s'écoulèrent sans qu'on reçût de ses nouvelles, M. Berny resta pensif, silencieux ; et madame Berny, affectée de l'absence de son fils chéri, n'osa pas même aborder des endroits que Jules avait habités ou fréquentés. Elle ne montait plus au corridor du second où était la chambre de Jules ; elle évitait un des sites du jardin, parce que là penchaient négligemment et sans soin les fleurs que Jules avait cultivées pour elle. Elle repoussait en un mot de sa vue tout ce qui pouvait lui rappeler Jules ; mais elle y pensait sans cesse.

Tourmentée avec cela des terreurs que le père Augely avait fait passer dans son cœur sensible, elle croyait voir un commencement de la dissimulation, de la légèreté d'Adalbert, dans le retard qu'il mettait, ainsi que Jules, à lui écrire. Elle en parla un matin à son mari, qui n'était pas plus tranquille qu'elle.

Mon ami, lui dit-elle, voilà six jours, six grands jours que ton fils est parti, et nous n'avons pas encore reçu de ses nouvelles. Pourquoi ce silence ? serait-il malade ? le chagrin qu'il a éprouvé de nous quitter aussi lestement, aurait-il altéré sa santé ? Il devait, disait-il, ainsi qu'Adalbert, nous écrire à chaque poste ! — Façon de parler, ma chère Aura, lui répondit M. Berny qui voulait la consoler; tu sens bien qu'à chaque poste, en relayant pour ainsi dire, cela est impossible. Il faut qu'on soit fixé au moins une heure ou deux dans une ville pour qu'on puisse y penser à sa correspondance ; et si Adalbert l'a promené dans la province, s'il l'a fait courir de ville en ville... — Il n'importe ; c'était un devoir, un devoir sacré; tous deux devaient y penser. Adalbert serait-il ?...

Madame Berny s'interrompt en remarquant que mademoiselle Prudence, qui est là occupée de quelque soin du ménage, fait un signe de tête accompagné d'un sourire moqueur, comme si elle voulait dire : Ah, pardi, ça fait un bon sujet que votre Adalbert! Qu'avez-vous, Prudence, lui demande madame Berny? —Moi? rien, madame; est-ce que j'ai parlé ? — Non; mais vous avez fait un mouvement... quand j'ai nommé Adalbert.. vous avez fait comme cela.

Madame Berny répète le signe de tête de mademoiselle Prudence. Celle-ci répond : Ah, dame, c'est que... chacun a ses raisons.—Comment, chacun a ses raisons ! vous avez des raisons pour juger défavorablement Adalbert ? — Je ne dis rien sur son compte, j'espère ; ainsi, que je le juge d'une façon ou d'une autre..—Mais quelle est votre façon ? — Moi, s'il faut le dire, je pense que cet homme-là n'est pas de bonne foi. — Et sur quel fondement ? — Pas d'autre, non, pas d'autre que sa figure qui ne me revient pas. — Ah, il faut qu'une figure revienne à mademoiselle, pour qu'elle estime la personne ! — Il a l'air faux, dissimulé... — Elle me fait trembler ! Pourquoi, Prudence, pourquoi ne vous êtes-vous pas expliquée plutôt ?—Mon devoir est de servir les amis de mes maîtres, et non de me permettre...— Voilà du nouveau !...

Oui, du très-nouveau, interrompt à son tour M. Berny qui réfléchissait ; je le vois, mademoiselle Prudence est dans un secret que tout le monde sait ici, excepté moi.— Non, Monsieur... j'ignore... —Un moment ? on m'écrit des lettres sans signature ; je soupçonne fortement Asselino de connaître l'écrivain anonyme ; Asselino n'aime point Adalbert ; le père Augely ne peut pas le souffrir ; voilà mademoiselle Prudence qui le déteste aussi... je vous dis, madame Berny, qu'il y a dans tout cela un mystère que je ne puis pénétrer, mais dont ceux qui en sont les confidens se repentiront un jour du silence qu'ils auront gardé envers moi! —Je vous jure, monsieur, que je ne suis dans aucun mystère, que je ne sais aucun

secret; eh! s'il pouvait compromettre votre félicité, croyez-vous que je ne m'empresserais pas de vous le révéler! je n'aime point les dehors de M. Adalbert; je le crois faux, hypocrite; c'est mon opinion; je devais vous la taire, vous m'en avez en quelque façon arraché l'aveu, je l'ai fait, et, cette main-là dans le feu, je soutiendrais que je regarde M. Adalbert comme le plus perfide de tous les hommes!
— Allons, en voilà assez... Concevez-vous notre situation, madame Berny! tous ces gens-là méprisent un homme que nous estimions, que nous estimons encore quoi qu'ils en disent, et ils ne peuvent pas nous donner un seul motif de la haine qu'ils lui ont vouée. Oh! s'il y a un secret là-dessous, il faut qu'il soit

bien important, puisqu'une femme même, mademoiselle que voilà, est capable de le garder! — Croyez, monsieur, madame!... —Paix : voici Asselino, qui paraît bien joyeux! il tient une lettre à la main ! serait-ce des nouvelles de mon fils ?

Vous l'avez dit, Monsieur, s'écrie Asselino ! c'est plus qu'une lettre, c'est un paquet, et très-fort. L'écriture de M. de Faskilan, que je vois sur la suscription, me fait croire qu'il y a là-dedans une lettre de lui et une autre de Jules.....
Monsieur, si je n'étais pas de trop?...
—Pour en entendre la lecture ? non certainement. Restez aussi, Prudence ; vous êtes deux fidèles serviteurs, quoique j'aie sujet de vous gronder sur... en vérité je ne sais pas sur quoi.

Monsieur, madame Berny s'asseyent; mademoiselle Prudence et Asselino restent debout près de leurs fauteuils; Aloyse est appelée pour entendre la lecture de la lettre de son cher cousin; elle est là aussi, assise près de sa tante; et M. Berny, qui a rompu le cachet, s'empare d'abord de la lettre de Jules, qu'il lit ainsi à haute voix :

« Mon père et ma mère,

« Voilà six jours que je suis séparé de vous, et ce laps de tems m'a déjà paru un siècle; moi qui, depuis cinq ans, avais le bonheur de vivre près des auteurs de mon existence, de ne les pas quitter, de les embrasser à chaque heure du jour, me voir ainsi éloigné d'eux ! sans eux ! et pour ainsi dire sous la tutelle d'un étranger !... Je serais injuste néanmoins de traiter ainsi l'homme estimable à qui vous avez à juste titre délégué tous vos droits sur moi. M. Adalbert, mon oncle adoptif, que je me plairai toujours à nommer mon oncle dans la correspondance que vous me permettrez d'entretenir avec vous, cet oncle, dis-je, est un excellent, un parfait honnête homme. Ses conseils, ses moindres discours sont marqués au coin de la plus exacte probité, de la religion; et quant à l'attachement qu'il me témoigne, en vérité il égale presque le vôtre. »

M. Berny s'interrompt : Vous voyez, dit-il, que le témoignage de Jules, qui a du sens, du jugement, vient ajouter à tous ceux que j'avais déjà, des vertus, oui, des vertus d'Adalbert!... Continuons :

« Il m'a fait cependant bien de la peine quand il m'a presque forcé de me séparer de vous, sans vous faire mes adieux, sans vous donner le baiser filial, sans vous demander enfin votre bénédiction. Oh! qu'il m'a fait de mal! Je pleurais, je criais pour ainsi dire ; je ne voyais les objets qu'à travers un nuage de larmes, et c'est comme cela que j'ai fait le léger trajet qui sépare notre maison du château de la Pommeraie, qui appartient à M. Forville, et où nous sommes d'abord descendus. Ils m'ont répété tous les deux l'ordre précis que vous leur aviez donné de m'emmener sans vous voir, sans voir ma mère, sans embrasser enfin mon adorée Aloyse.... Ils m'ont fait sentir que je devais respecter cet ordre, m'y soumettre, et mes pleurs ont cessé de couler, sans que mon cœur en fût moins inondé... »

Charmant enfant ! s'écrie madame Berny. — Ne m'interromps pas, ma bonne Aura, réplique M. Berny, je t'en conjure, et sur-tout ne vas pas être faible au point de verser des larmes ; j'y pourrais mêler les miennes; car je suis aussi pénétré que toi. Suivons maintenant sans interruption.

Et il continue :

« Un très-bon déjeûner est venu faire alors une légère diversion à ma douleur; puis nous avons visité la Pommeraie, qui est une fort belle propriété. M. Forville avait des ordres à y donner à ses gens, relativement a diverses plantations qu'il veut faire. Pendant qu'il s'occupait de ces détails, mon oncle m'a serré dans ses bras, m'a embrassé tendrement, en me donnant sur la conduite que je devais tenir à l'avenir, les avis les plus sages, que je lui ai bien promis de suivre, ô mes respectables parens, pour votre satisfaction, la sienne à cet excellent homme, et ma propre félicité.

« A présent que j'ai fait la part aux regrets, me permettrez-vous de vous égayer un peu par le récit de mes voyages jusqu'à ce jour, et ne jugerez-vous pas votre fils, par le ton de gaîté qu'il va prendre, trop, beaucoup trop consolé de votre absence ? Il aurait dû vous écrire plutôt ; mais c'est qu'aussi nous n'avons pas eu une minute à nous.

« Mon oncle et son ami étaient

invités ce jour-là à dîner chez monsieur le subdélégué de la province, qui a sa maison de campagne à côté de la Pommeraie. Ils m'emmenèrent avec eux, et je fus très-bien reçu chez ce subdélégué qui fait vraiment le personnage. Je crois que, si je n'avais pas eu tant de chagrin, je n'aurais jamais plus ri qu'à ce dîner qui fut plus que plaisant. Vous connaissez la comtesse d'*Escarbagnas,* de la comédie de Molière ; eh bien figurez-vous que c'est là madame la subdéléguée ! une grosse, grasse femme, surchargée de plumes, de toques, de rubans, de fleurs, d'oripeaux de tout genre, cherchant à grasseyer pour se donner un air mignard, minaudant, se pinçant les lèvres parlant beaucoup, faisant des grosses fautes contre la langue à toute minute, étalant en un mot, toutes les prétentions d'une jeune et jolie personne, quoiqu'elle ait ses cinquante ans bien révolus, et la figure, oh ! la figure de la madame *Ango* que nous dépeint Vadé ! Son mari est un gros homme court, ramassé, à figure large, bouffie, et rouge !... au point qu'on le croirait continuellement attaqué d'apopléxie. Leur fille !.... ah, mon Aloyse, ne sois pas jalouse ; cent, dix mille filles comme cela ne pourraient que faire ressortir à mes yeux, toutes les grâces de ta personne, toutes les perfections de ta jolie mine ! c'est un grand manche à balai que cette fille-là ; et laide, et sotte, et gauche !... Elle a un frère, aussi bête que ses chers parens, et non moins orgueilleux.

« Voici un trait digne du pinceau de Molière que je vous citais tout-à-l'heure. Un domestique, niais, gauche aussi à l'excès, une espèce de paysan à qui l'on avait fait passer une grande veste grise qui me ferait un habit, pour servir ce jour-là à table, car nous étions vingt personnes, ce grand imbécille, dis-je, était debout, une serviette sous le bras, derrière la maîtresse de la maison. Voilà que M. le subdélégué, placé devant sa femme, débouche une bouteille de vin de Champagne dont la mousse s'élance soudain sur la poitrine de madame, qui, par parenthèse, était presque toute nue. Madame la subdéléguée, se sentant mouillée, jette des cris affreux, gronde grossièrement son mari, lui dit cent sottises...Que fait le grand nigaud de domestique? il prend sa serviette ; puis il essuie, il frotte la gorge de madame, mais par-tout, avec force, jusqu'à lui écorcher la peau!... et tout le monde de partir d'un éclat de rire inextinguible; et madame de se débattre contre le valet trop propre, et de terminer la scène par un soufflet qu'elle lui applique à poings fermés, si fermement que le domestique se retire en pleurant, en hurlant, en menaçant sa maîtresse.

« Cela cause un désordre, une confusion épouvantables. Monsieur le subdélégué veut battre ou au moins chasser le serviteur indiscret qui a osé toucher à la poitrine de sa femme. On retient monsieur à droite; on console madame à gauche...Non, cette scène bouffonne ne sortira jamais de ma mémoire.

« Le calme se rétablit cependant ; on prit le café ; et madame, qui avait bu et mangé à faire trembler, se fit apporter, sur les six heures, un verre de lait d'ânesse, pour son faible estomac qui, disait-elle, était au régime.

« Quels originaux, dis-je à mon oncle, quand nous fûmes sortis de cette maison !... Il me répondit avec beaucoup de sens et d'affabilité : Tu vas entrer dans la société, Jules ; ne blâme pas les premiers originaux (pour me servir de ton expression) que tu y rencontreras ; car, à mesure que tu verras le monde, tu t'apercevras aisément que les hommes n'y font que varier de ridicules !

« Je sentis la justesse de cet avis, et....

Ici, M. Berny fut interrompu par son jardinier qui vint lui dire qu'un de ses fermiers lui apportait de l'argent, et l'attendait dans son cabinet. J'y vais, dit M. Berny en se levant. Nous reprendrons notre lecture après ; mais que dis-tu Aura, de la manière dont Jules raconte les anecdotes ? — Je dis, mon ami, que je suis un peu fâchée de lui voir ce ton leste, léger, indécent peut-être en parlant d'une femme qui l'a bien reçu. Avec cela, si jeune qu'il est, il ne ménage guère ses expressions. — Que veux-tu, Aura, tu sais qu'il a un caractère très-décidé dans tout ce qu'il fait comme dans ce qu'il écrit. Je pense comme toi sur son style ; et, si j'avais prévu qu'il nous détaillât ainsi l'accident arrivé à la poitrine de madame la subdéléguée, je n'aurais pas lu ce passage de sa lettre devant notre Aloyse. Mais je monte donner une quittance, et je descends dans la minute. Aura, parcours tout bas le reste de la lettre, pour voir s'il n'y aura pas quelque trait du même genre ?

V.

> Ah! l'amour, quand il est dirigé vers le bien, est donc le plus pur sentiment de la nature, puisqu'il peut créer des poëtes et des héros!

Madame Berny venait de lire tout bas, ainsi que son mari le désirait, la lettre de Jules, où il n'y avait plus rien à reprendre, lorsque M. Berny reparut dans le salon. Il avait congédié son fermier ; il continua ainsi :

« Je sentis la justesse de cet avis, et je ne parlai plus de monsieur le subdélégué ni de madame son épouse, que mon oncle et son ami vantèrent beaucoup. Je sentis qu'ils n'en faisaient l'éloge que pour m'engager à garder pour moi mes petites réflexions critiques, et nous parlâmes ensuite d'autre chose. Mais je n'ai pu résister, mon père et ma mère, au desir de vous retracer ce tableau plaisant, bien différent de tous ceux que j'ai eus devant les yeux dans la maison paternelle.

« Le lendemain, de grand matin, nous allâmes visiter Avignon, où mon oncle avait des affaires à terminer. Pendant qu'il était occupé chez ses banquiers, son ami, M. Forville, m'emmena promener dans la ville et à l'extérieur. Nous montâmes sur le rocher de Dons, d'où nous jouîmes de la plus belle vue. M. Forville m'apprit qu'il y avait eu là autrefois un temple consacré à Diane, et tout près un autre temple dédié à Hercule.

« Il est fort instruit , M. Forville , et très-aimable aussi. Dans
l'église métropolitaine , que nous
allâmes voir ensuite , et qu'on appelle Notre-Dame de Dons, M. Forville me raconta une anecdocte assez curieuse , que j'ai écrite depuis ;
car j'ai ouvert des tablettes pour
tenir note de tout ce que je verrais ou entendrais dans mes voyages.
Dans cette église, me dit M. Forville , fut prononcée, en 1615, l'o-
raison funèbre du brave Crillon ,
par le père François Bening , jé-
suite. Cette pièce d'éloquence , re-
cherchée par son ridicule , fut très-
admirée dans son tems. L'orateur ,
en voulant excuser son héros de ce
qu'il ne faisait pas de longues prières, dit : « Le sieur de Crillon trai-
« tait avec Dieu comme avec les

« rois, brièvement et révérem-
« ment.... J'assure qu'une petite
« oraison bien troussée, et recollec-
« tion intérieure, est plus agréable
« à Dieu qu'une longue, lente et
« languissante oraison. »

« Ailleurs, l'orateur s'écrie : « Il
« est mort ; il n'y a plus de Crillon :
« nous ne le verrons plus faire voler
« son cheval, le manier à sauts gail-
« lards, à la carrière, à bride ronde ;
« en long; *abjectus est,* il est mort,
« et nous ne le reverrons plus dans
« son carrosse faire le tour de la
« ville.... Adieu, Crillon, adieu ;
« adieu le capitaine des merveilles,
« adieu la merveille des capitaines ;
« adieu, mon brave, adieu, brave
« Crillon ; nous ne vous verrons
« plus, nous ne vous ouïrons plus. »

« Il faudrait citer entière la pièce

pour en rapporter tout le ridicule. L'orateur termine par cette moralité : « Il faut mourir, et bien mou-
« rir ; pour bien mourir, bien vi-
« vre ; pour bien vivre, mourir à
« l'ambition, volupté et avarice.
« J'ai dit, et n'ai rien dit. »

« Il avait bien raison, le cher homme, n'est-ce pas, mon père ?

« Je ne puis encore résister au desir de vous transmettre des vers singuliers que nous lûmes au bas d'un tableau que nous vîmes ensuite dans l'une des salles de la maison des Célestins, dans l'église desquels est élevé le mausolée du pape Clément VII. D'abord le tableau est très-grand, et représente un squelette de grandeur naturelle. On voit, à côté de ce squelette, un cercueil dans lequel on a peint une toile d'araignée avec tant d'art qu'elle fait une illusion complète. Le squelette lui-même est d'une grande force de dessin. Plus bas, mais toujours dans le même tableau, sont des vers écrits en lettres gothiques, annonçant que ce squelette est celui d'une femme qui fut célèbre par sa beauté. Suivant la tradition, que le père gardien, qui nous conduisait, nous raconta, cette femme fut aimée d'un roi René ; et ce prince est l'auteur de cette peinture et de ces vers gothiques que voici :

Une fois fus sur toute femme belle,
Mais par la mort suis devenue telle ;
Ma chair estait très-belle, fraîche, tendre,
Où est-elle toute tournée en cendre ;
Mon corps estait très-plaisant et très-gent ;
Je me souloye souvent vestir de soye,
Or en droit faut que toute nue soye.

Fourrée estais de gris et menu vair;
En grand palais me logeais à mon veuil;
Or suis logée en ce petit circueil.
Ma chambre estait de beaux tapis ornée ;
Or est d'aragnes ma fosse environnée.
De tous estais nommée dame chière ;
Maint me louait qui près de moi passait ;
Conte n'en fait nul qui près de moi soit.
Par-tout estait ma beauté racomptée ;
Or n'en est vent ni nouvelle comptée.
Si pense celle qu'en beauté va croissant
Que toujours va sa vie en decroissant,
Soit ores dame, demoiselle ou bourgeoise,
Fasse donc bien tandis qu'elle en a l'oise;
Ainsque devienne comme moi pour voy telle;
Car chacun est, comme a été mortelle.

« Ces vers ont, selon moi, une teinte de mélancolie et une nuance de philosophie qui vraiment touchent l'ame. Nous en vîmes une foule d'autres dans la petite chapelle de l'église des Cordeliers, où est enterrée la célèbre et si belle Laure, l'amante de Pétrarque. Je ne copiai que les suivans, faits impromptu par François I.ᵉʳ. Ce bon roi, passant à Avignon, voulut visiter le tombeau de la muse de Pétrarque : la mémoire de sa vertu, de sa beauté et des vers qu'elle avait inspirés, lui fit faire aussi cette epitaphe :

>En petit lieu compris vous pourrez voir
>Ce qui comprend beaucoup par renommée :
>Plume, labeur, la langue et le devoir
>Furent vaincus par l'aimant de l'aimée.
>O gentille ame ! étant tant estimée,
>Qui te pourra louer qu'en se taisant !
>Car la parole est toujours réprimée
>Quand le sujet surmonte le disant.

« *O gentille ame* est touchant ; n'est-il pas vrai, mon père ?

« Quand nous eûmes rejoint mon oncle, qui avait terminé ses affaires, je lui dis combien mon cœur avait été pénétré à la vue du tombeau de la belle Laure. Eh bien, me dit M. Adalbert, partons pour Vaucluse. Il ne faut pas que tu quittes cette province sans avoir visité le séjour du plus célèbre chantre de l'Amour. Je sautai de joie à cette proposition si agréable, et nous montâmes sur-le-champ en voiture. Me pardonnerez-vous, mon père, si je vous fais, à ma manière, un petit récit de mon voyage à la fontaine de Vaucluse ? Oui, vous serez indulgent, et vous vous direz : Mon fils veut me prouver qu'il observe, et que je n'ai pas tout-à-fait lieu de croire que j'ai perdu mon tems en cherchant à former son cœur et son esprit.

« Nous eûmes quatre lieues à faire d'Avignon à Vaucluse, et par un chemin tracé dans une des plus charmantes plaines du comté. Nous arrivâmes à un vallon au-dessus duquel s'élève, en forme de fer à cheval, une montagne de pierre vive. Pour parvenir jusqu'au pied du rocher, très-haut, et presque taillé à pic, d'où jaillit une fontaine, il nous fallut monter à pied par un chemin étroit et pierreux. Oh, que les pieds délicats de l'amante de Pétrarque devaient souffrir de cette promenade !

> Mais ce sentier, tout escarpé qu'il semble,
> Sans doute Amour l'adoucissait pour eux ;
> Car nul chemin ne paraît raboteux
> A deux amans qui voyagent ensemble.

« C'est ce que je me dirais, si j'étais obligé de gravir, avec mon Aloyse, les plus hautes montagnes. Entends-tu, ma cousine ? Mais suivons :

« Nous apperçûmes bientôt un antre assez profond, et dont l'épaisse obscurité m'effraya. L'eau était basse, nous pûmes y entrer. Deux cavernes alors frappèrent notre vue; l'une est élevée de plus de soixante pieds sous l'arc qui en forme l'entrée; l'autre, qui semble avoir cent pieds de large, et presque autant de profondeur, n'a qu'environ vingt pieds de hauteur. C'est vers le milieu de cet antre que nous vîmes s'élever, sans jet et sans bouillon, dans un bassin ovale d'à-peu-près dix-huit toises de diamètre, la source abondante de la rivière de Sorgue, qui porte bateau presque en sortant du rocher.

« Dans son état ordinaire, me dit mon oncle, qui a vu cela plusieurs fois, l'eau de cette source s'échappe par des conduits souterrains, et arrive tranquillement jusqu'à son lit ; mais après de grandes pluies, elle s'élève au-dessus d'une espèce de mole placé devant l'antre, y forme un bassin dont la surface est unie comme une glace; ensuite, avec grand bruit, elle se précipite à travers les débris des rochers, elle les blanchit de son écume; puis, ayant heurté les nombreux obstacles qui arrêtent son impétuosité, elle va couler paisiblement dans un lit commode. Je ne sais quel poëte a peint ainsi la bruyante explosion de cette source et le cours tranquille qu'elle suit un peu plus loin :

> Là, parmi des rocs entassés,
> Couverts d'une mousse verdâtre,
> S'élancent des flots courroucés
> D'une écume blanche et bleuâtre :

La chute et le mugissement
De ces ondes précipitées
Des mers, par l'orage irritées,
Imitent le frémissement.
Mais bientôt, moins tumultueuse,
Et s'adoucissant à nos yeux,
Cette fontaine merveilleuse
N'est plus un torrent furieux.
Le long des campagnes fleuries,
Sur le sable et sur les cailloux
Elle caresse les prairies
Avec un murmure plus doux.
Alors elle souffre sans peine
Que mille différens canaux
Divisent au loin dans la plaine
Le trésor fécond de ses eaux.
Son onde toujours épurée,
Arrosant la terre altérée,
Va fertiliser les sillons
De la plus riante contrée
Que le dieu brillant des saisons,
Du haut de la voûte azurée,
Puisse échauffer de ses rayons !

« Le vieux château, continua mon oncle, dont tu aperçois les ruines sur la montagne, ne fut point, comme on le croit même dans ce pays, le château de Pétrarque. Ce poëte, amant de la belle Laure de Sades, habitait, dans le village, une petite maison dont il ne reste plus de trace. Dans ses poésies, il la comparait à la maison de Fabien ou de Caton. Ce château, ruiné maintenant, appartenait à Philippe de Cabassole, évêque de Cavaillon, et ami de Pétrarque. Ce prélat venait souvent l'habiter, afin de voir plus fréquemment l'aimable poëte. Pétrarque, pour exprimer le tourment de son cœur, adressait ses plaintes amoureuses à la fontaine de Vaucluse et aux objets qui l'environnaient, dans une ode touchante, que M. de Voltaire, notre poëte actuel, a peut-être embellie en la traduisant. Tu te rappelles sa traduction :

 Claire fontaine, onde aimable, onde pure,
 Où la beauté qui consume mon cœur,
 Seule beauté qui soit dans la nature,
 Des feux du jour évitait la chaleur ;
  Arbre heureux, dont le feuillage
  Agité par les zéphirs,
  La couvrait de son ombrage,
  Qui rappelle mes soupirs
  En rappelant son image ;
Ornemens de ces bords, et filles du matin,
Vous dont je suis jaloux, vous moins brillantes qu'elle,
Fleurs qu'elle embellissait quand vous touchiez son sein ;
Rossignols dont la voix est moins douce et moins belle ;
Air devenu plus pur ; adorable séjour
  Immortalisé par ses charmes ;
Lieux dangereux et chers, où de ses tendres armes,
  L'Amour a blessé tous mes sens !
  Ecoutez mes derniers accens ;
  Recevez mes dernières larmes !

« Que ces pensées sont nobles,

mon père! Ah! l'amour, quand il est dirigé vers le bien, est donc le plus pur sentiment de la nature, puisqu'il peut créer des poëtes et des héros! Je le sens à l'amour que j'éprouve pour ma chère Aloyse; je serais capable de tout pour la chanter, pour la mériter. Ma lyre se monte, ma tête s'échauffe, mon cœur brûle.... Je suis tenté d'improviser aussi des vers auprès de cette fontaine, si fertile en inspirations poétiques et touchantes.... Mais arrêtons-nous, après les vers que je viens de citer; suspendons mon luth. Oh, que ferais-je de mieux sur la fontaine de Vaucluse, qui, si elle est célèbre par ses beautés naturelles, l'est davantage encore par l'amour, par les chants de Pétrarque, et depuis, par les stations et les poésies d'une foule de voyageurs qui successivement sont venus, viennent encore, comme en pélerinage, révérer un lieu consacré à Laure, à Pétrarque, à l'Amour et aux Muses !

« Il me vient à présent une réflexion qui aurait dû m'arrêter avant de vous tracer cette courte description, mon père. C'est que, sans doute, vous avez fait plus d'une visite à Vaucluse, et que tout mon bavardage vous devient inutile. Je n'y serai plus repris, et je me dispenserai de vous donner la description des villes et des sites que j'ai vus depuis Avignon jusqu'à Aix, et d'Aix à Marseille où nous sommes maintenant, d'où je vous écris. Quelle ville que Marseille ! quelle variété dans les costumes des différens peuples commerçans, qu'y attirent les priviléges accordés aux étrangers !

. . . . Ici sont rencontrées
Toutes les nations de diverses contrées ;
L'anglais, le musulman, le russe, le germain,
Et le sujet du roi, et le républicain,
Et celui qui naquit sous les lois du despote ;
Tout n'est qu'un peuple ici, tout est compatriote.

« Ne redoutez pas, mon père, que je vous ennuie de nouveau des détails de tout ce que cette belle ville renferme de curieux. Je crois vous avoir entendu dire que vous l'aviez visitée autrefois. Je m'arrêterai là pour ne plus vous parler que de moi. Mon oncle veut encore me faire voir Toulon, où nous ne nous fixerons qu'un jour, puis de là, fouette, cocher, pour Paris?

Notre cocher à nous est tout uniment le domestique de mon oncle, un nommé *Faustin;* vous l'avez vu, je crois ? c'est un excellent garçon, doux, très-complaisant pour moi, et qui paraît m'aimer autant que son maître. Mon oncle fait des beaux projets pour régler notre plan de vie, quand nous serons à Paris. Il regrette beaucoup de ne plus voir le respectable père Augely, qui vous reste, mon père, et dont mon oncle fait le plus grand cas. Il n'en parle jamais qu'en termes on ne peut pas plus flatteurs. Il faut que ce vieillard ait bien des vertus, pour mériter à ce point l'estime et la vénération d'un homme comme mon oncle !

« Vous ne croiriez pas que M. Adalbert pousse la pratique de tous ses devoirs au point d'entendre la messe presque tous les jours. Je partage avec lui ces pieuses pratiques de notre religion ; mais, quand je serai occupé à Paris, je ne lui accorderai ma compagnie que les dimanches et fêtes ; pour les autres jours, je les emploierai du matin au soir, à travailler, à m'instruire dans la nouvelle carrière que je vais parcourir. Oh, mon digne père, et vous, ma tendre mère, comme je m'en promets ! combien je désire vous prouver, par un travail opiniâtre, par une conduite exemplaire, tout le cas que je fais de vos sages conseils, et les vœux que je forme pour contribuer sans cesse à votre félicité ! Veuillez-y croire, mon père, ma mère ; daignez présenter mon humble respect au révérend père Augely, embrasser pour moi ma charmante Aloyse, mon oncle Dabin, et dire au bon Asselino, à l'estimable mademoiselle Prudence, que je les aime toujours, et pour toujours !

Votre fils,

Jules Berny ».

Fort bien, dit M. Berny. Elle est de longue haleine, la lettre de monsieur notre fils ! j'aime assez sa description de Vaucluse, son enthousiasme et ses citations. Je ne suis pas fâché qu'un jeune homme s'enflamme à ce point pour les arts, le talent et le génie. Voyons ce billet qui est *inclus* ici pour Aloyse. Nous lirons ensuite la lettre que nous adresse Adalbert, et nous ferons après nos réflexions sur toutes ces lettres.

M. Berny lit : *Pour Aloyse Duverceil.*

« J'aurais cru manquer, ma toute jolie et bonne cousine, aux lois de la délicatesse, à celles de l'amour, si je n'avais pas glissé un mot pour toi dans le paquet que j'adresse à mon père. Il est question d'Aloyse dans ce fatras qu'ils vont lire sans doute en ta présence ; mais je ne t'y parle pas directement, et j'ai besoin, oui, mon cœur brûle de converser avec toi. Voyons, dis-moi, m'aimes-tu toujours ? là, bien, autant que lorsque j'avais le bonheur de vivre près de toi ? Quant à moi, je n'ai pas besoin de me rappeler nos sermens, pour t'adorer, pour te chérir au-delà de toute expression. Constant, fidèle, dans quelque lieu du monde où je me trouve, je n'aurai qu'un but, celui de hâter les progrès de mon instruction, de me voir bien vîte un état pour devenir, le plutôt possible, ton heureux époux. Encourage-moi par une réponse, mon Aloyse ; répète-moi souvent de bien suivre à la lettre les conseils de mon oncle adoptif, ceux que doivent me donner la raison, l'amour, l'expérience ; car je suis un homme fait à présent, et, à vingt ans, on doit savoir se conduire. Ecris-moi, mais à Paris où nous serons sans doute dans quelques jours... Ah! étourdi que je suis ! j'ai oublié de donner ce renseignement à mon père dans ma lettre ! fais lui lire ce passage de mon billet. Il faut nous répondre, à mon oncle, ou à moi, à Paris, chez M. Adalbert de Faskilan, en sa maison, rue des Postes, n.º 20. Mon oncle dit qu'il habite là une maison seule avec un jardin spacieux et charmant. Ainsi, c'est à cette adresse que vous voudrez bien tous adresser vos lettres, et même la première ; car après-demain nous quittons la Provence, et vos réponses ne pourraient pas nous parvenir.

« J'ai encore bien des choses à te dire, mon Aloyse ; mais j'entends mon oncle qui m'appelle ; il me demande, je crois, si j'ai fini d'écrire ; attends un moment, Aloyse... oui, mon oncle me recommande de fermer mon paquet et de le lui donner pour qu'il le mette dans le sien, attendu que l'heure du courrier sonne, et qu'on attend nos lettres pour les remettre à la poste. Adieu, Aloyse.... ah, n'oublie pas... du moins, si tu veux me rendre heureux, bien heureux, envoie-moi donc.... oserai-je dire.... ton portrait, Aloyse, cette petite miniature que l'on a copiée d'après celle qui est sur le bracelet de maman. Tu sais? elle est dans ta chambre, à ta cheminée. Fais-moi ce cadeau, Aloyse, oh! ne me refuse pas, bonne cousine, et moi, à près de deux cents lieues de toi, à Paris, seul au milieu de tant de monde, je pourrai tromper l'absence en t'ayant sans cesse devant mes yeux, comme dans mon cœur!

« Mon oncle me presse une seconde fois. Je ferme ce billet,

Aloyse, et je ne puis plus te dire qu'amour, amour ! pour la vie !

Ton ami, JULES BERNY. »

Tu lui répondras sans doute, dit madame Berny à sa nièce ? — Oh, ma tante, il serait bien malhonnête et bien dur de laisser un pareil billet sans réponse. — Tu me la communiqueras, afin que je puisse la mettre, ainsi que l'a fait Adalbert pour mon fils, dans le paquet de nos lettres ?

Voyons celle d'Adalbert, interrompt M. Berny. — Oui, oui, je suis curieuse...

M. Berny lit :

« Mon bon frère et ma tendre sœur,

« Je ne sais si vous décachèterez

la lettre de votre fils avant la mienne... mais je connais la tendresse paternelle, et je suis sûr que cela est déjà fait. Je ne vous répéterai donc point tout ce qu'il vous donne de détails sur son voyage, sur ce qu'il a vu, etc., car il a bien voulu me communiquer le griffonage qu'il vous envoie. Vous y voyez que j'ai eu le bonheur de le consoler d'un départ dont votre affection à tous pour lui exigait la précipitation : mais il était bien affligé ! le jour même de votre séparation, au dîner de monsieur le subdélégué, Jules fut le seul qui ne put rire du ridicule de la scène bouffonne qu'il vous a racontée, et qui fit pâmer tout le monde. Son bon cœur était encore trop ému ; ses yeux même s'emplissaient de larmes, et nous l'avons eu deux jours comme cela, soupirant, levant les yeux au ciel, comme si on l'eût privé de ses parens pour lui préparer le sort le plus rigoureux.

« La jeunesse ne connaît pas les regrets éternels ; à la fin, mon ami et moi, nous sommes parvenus à le rendre à sa gaîté naturelle, et maintenant il est charmant, oh ! je puis dire qu'il est charmant! Quel heureux caractère possède ce jeune homme ! son cœur aimant daigne appeler du nom de reconnaissance le vif et tendre attachement qu'il a déjà pour moi. Nous nous aimons comme deux frères, et je crois qu'il nous serait impossible de nous passer l'un de l'autre. J'ai soin que mes avis, qui ne peuvent être légitimés par la touchante autorité d'un père, ne sentent point la morgue, ni le pédantisme d'un mentor. C'est un ami qui parle à son ami, et qui en est écouté. Qu'il se conduise toujours comme cela, je vous réponds d'en faire l'homme le plus accompli en tous points. Dieu et son père me l'ont confié; j'en dois compte à son père, à Dieu qui juge nos moindres pensées, puisqu'il lit dans les plus secrets replis de notre cœur! Non, mon frère, vous n'aurez jamais lieu de vous repentir de votre juste confiance.

« Vous voyez comme, sur la scène de madame la subdéléguée, je l'ai déjà repris d'une petite manie qu'il a de critiquer, de médire : la médisance mène à la calomnie, et la calomnie comme la médisance sont deux vices, oh Dieu ! que j'ai toujours eu en horreur ! Avec leurs traits cruels, on détruit les réputations les mieux établies; on mine sourdement l'honneur d'un homme probe qu'on a pris en grippe ; on le perd dans l'esprit des honnêtes gens ! O mon Dieu ! je n'ai pas ces défauts, et je serais au désespoir de les voir naître dans le cœur de mon jeune et intéressant ami.

« C'est ainsi que je me promets d'être en garde contre ses plus légères réflexions. Il est un peu capricieux, le cher Jules, très-changeant, et sur-tout fort entêté sur ce qui lui plaît. Ce sont des petites nuances de la légèreté naturelle à la jeunesse ; tout cela disparaîtra. Eh, n'a-t-il pas un excellent cœur, de l'esprit , du jugement, de la raison enfin! Avec tant, de si heureuses qualités, on peut devenir le modèle de toutes les perfections.

« Je lui ai fait voir quelques villes de ces contrées, qu'il ne connaissait pas ; mais définitivement je l'emmène à Paris, d'où il ne sortira plus qu'aux vacances prochaines du parlement, pour aller vous rendre ses hommages. Je crains de ne pouvoir alors l'accompagner; ma santé est faible, et les déplacemens ne me valent rien. Je m'aperçois déjà que celui-ci.... Mais il était nécessaire ; je vous avais promis de venir prendre votre fils, et pouvait-on le confier en des mains plus sûres !

« Le courier nous presse, Jules et moi ; il faut ployer nos lettres. Adieu, bon frère et tendre sœur, que j'aime !... peut-être davantage encore depuis que je leur connais un fils aussi intéressant ! Embrassez pour moi votre charmante Aloyse, son oncle et tous vos amis. Ne m'oubliez pas de grace auprès du vénérable père Augely, et dites-lui que personne n'a pour lui plus de respect, plus d'estime, ni plus d'attachement que moi.

« Je me rappellerais bien au souvenir de mon ancien compagnon de voyage, Asselino ; mais, je vous l'ai déjà dit, mon frère, et vous avez dû le remarquer, je ne sais pourquoi ce bon vieillard, ce serviteur fidèle et probe, me boude, moi : je le défie de prouver que je lui aie jamais fait la moindre chose. Au contraire, j'ai toujours eu des égards pour ses cheveux blancs, pour notre ancienne liaison, là-bas, au milieu des sauvages ; mais enfin il me boude. Le sauveur du monde a bien trouvé sur la terre des ennemis, pourquoi n'en aurais-je pas, moi qui ne suis qu'un homme !

« Adieu, bon ami ; je vous souhaite santé, bonheur, et sur-tout sécurité parfaite sur le compte de notre Jules.

Adaldert de Faskilan. »

Asselino, soudain après cette lecture, se lève et sort en murmurant tout bas: Il faut que cet homme soit un suppôt de satan !

Vous le voyez, dit M. Berny ; voilà qu'il sort en marmottant entre ses dents quelques mots contre

Adalbert, qu'il appelle un satan, si j'ai bien entendu ! La haine que ce bonhomme a vouée à notre ami est bien inconcevable ! et le père Augely aussi ! Ces gens-là ont des motifs, ou ils n'en ont pas. S'ils en ont, pourquoi ne pas me les révéler ? Croient-ils me rendre un grand service, en me laissant ignorer ce qui pourrait me servir de règle de conduite. Quel singulier intérêt prennent-ils à moi, quand ils se contentent de me dire tout bas : Prenez garde ! Qu'allez-vous faire ! Que faites-vous ! Eh, morbleu, qu'ils me disent donc ce que je dois faire, et le pourquoi !... Je suis comme Adalbert, moi ; je hais la médisance, encore plus la calomnie. Quand je crois devoir m'éloigner de quelqu'un, j'ai mes raisons, et je ne les cèle à personne. Hors de cela, je ne dispense pas aveuglément mon estime ou mon mépris. Toutes ces lettres, au surplus, Aura, ne te tranquillisent-elles pas parfaitement ? Vois, dans celle de notre fils, qu'Adalbert lui donne d'excellens avis, et que le jeune homme lui rend tendresse pour tendresse. Le ton de la lettre d'Adalbert est celui d'un honnête homme, franc, loyal et bien intentionné. Il croit le père Augely encore chez nous, il a pour le père Augely la plus grande vénération. S'il savait pourtant comme ce prétendu bon religieux le traite ! Non ! ne nous arrêtons point aux terreurs d'une amitié trop, beaucoup trop prévoyante, et accordons enfin à Adalbert une confiance entière, sans bornes, qu'il merite, et qu'il méritera toujours. —Berny! Berny! répond la mère de Jules, il faut attendre, et voir avant de juger. Je lui en voudrai toujours de l'indiscrétion de son procédé, de m'emmener Jules comme cela, sans lui permettre de nous voir. Je lui ferai sentir, dans ma première lettre, que j'ai lieu d'être fort mécontente de cette action, au moins très-légère, et qui semble en effet prouver qu'il a eu peur du père Augely.... Mais quel est ce bruit dans la cour ? Ah, c'est mon oncle, M. Dabin, qui revient de la chasse, et qui gronde ses chiens de l'avoir mal secondé. Apparemment que le pauvre homme a tiré sa poudre aux moineaux. Il sera bien content d'apprendre que nous avons enfin des nouvelles de Jules !

L'oncle Dabin entra ; on lui montra les trois lettres : il en parut très-satisfait ; et il pensa, comme M. Berny, que M. de Faskilan était digne de toute confiance.

Mais il est tems que, mon lecteur et moi, nous revenions à notre ami Jules, que nous le suivions pas à pas, pour voir ce qu'il va devenir entre les mains d'un hypocrite, dont les projets nous sont encore totalement inconnus.

VI.

Prends garde, pauvre Jules ! le serpent est ici caché sous les fleurs. Crains sa piqûre, Jules ; il est tems encore de t'en garantir.

Jules avait visité, ainsi qu'on l'a vu plus haut, Avignon, Aix, Marseille, Toulon, etc., etc. Dans sa route de Toulon à Paris, il eut encore mille remarques à faire ; et ses tablettes se grossirent aisément de toutes ses observations. Il arriva enfin à Paris vingt jours après son départ du Paradis, et Adalbert l'emmena avec lui dans sa maison de la rue des Postes.

Forville habitait un autre quartier. Ces deux amis se séparèrent, ensorte que Jules resta seul avec son oncle d'adoption. Entré au grand jour dans la maison d'Adalbert, Jules eut tout le loisir d'en admirer le goût, l'ordonnance, et les charmes de son jardin. Ce jardin, qui pouvait avoir deux à trois arpens, se prolongeait jusqu'aux murs d'une petite rue ; et il y avait là dans l'intérieur, un petit corps-de-logis d'un seul étage, formant une pièce en bas, une en haut, et qui avait une porte de sortie sur cette petite rue. Du reste le jardin était tout en agrément. On y voyait des allées, des quinconces, et une espèce de petit bois voisin du pavillon du fond.

Près de la maison, un parterre

orné de mille fleurs, répandait une odeur délicieuse, et plus loin, une espèce de basse-cour renfermait quelques animaux domestiques.

Quelle charmante habitation, s'écria Jules! — Ah, mon ami, répondit Adalbert, elle n'est pas à comparer à celle de ton père. Nous n'avons pas ces bosquets, ces ruisseaux, ces boulingrins, ce vaste espace en un mot que comporte le jardin du Paradis; mais aussi, mon ami (*il sourit*) point de tombeau ici, point d'objet triste sous les yeux; et le papa Berny n'est pas tous les jours gai. Dans cette maison, on rit, on joue, on chante toujours. Je n'aime pas les vieilles figures, moi; mon domestique se compose de Faustin, que tu connais, d'une jeune gouvernante qui a soin de tout, et d'une cuisinière d'un âge fait, mais bien encore, et sur-tout très-fidèle. Il me vient quelques amis, de mon âge, tout au plus encore. Nous avons là-bas un jeu de bague, une balançoire ; nous faisons des folies, et cela vaut mieux que d'employer son tems à médire de son prochain. J'ai de la religion, tu le sais ; j'en pratique les devoirs ; mais je ne les pousse pas jusqu'au cagotisme ; je me permets souvent le spectacle, quand on y donne des pièces morales ; tu m'y accompagneras quelquefois ; en un mot, tu ne t'ennuieras pas ici ; au moins, mon ami, je ferai de mon mieux pour que tu y sois comme dans la maison paternelle. — Oh, bon ami !

Jules saute au cou d'Adalbert, et l'embrasse avec effusion. Adalbert lui montre le logement qu'il lui destine ; c'est une pièce et un cabinet attenant la chambre à coucher du maître du logis ; en sorte que la nuit ils seront ensemble sous la même clef ; ils pourront causer, le soir, avant de rentrer chez eux : rien n'est plus agréable pour Jules !

Adalbert fait monter ses trois domestiques. Il leur ordonne de prodiguer à Jules tous les soins, tous les égards qu'ils lui doivent à lui-même ; et Faustin, le valet affidé de M. de Faskilan, répond au nom des autres, qu'il serait difficile de ne pas s'attacher à un jeune homme aussi intéressant. Jules est au comble de la joie. Le lendemain, son oncle d'adoption prend une voiture de place, et le mène chez plusieurs avocats, auxquels il le recommande. L'un d'eux indique à Jules la marche qu'il faut suivre pour faire son droit à Paris. Il le fait inscrire, quelques jours après, aux écoles de droit; et voilà Jules qui commence un état après lequel il soupire bien, puisqu'il ne peut obtenir qu'à ce prix la main de son Aloyse.

Il a écrit à ses parens aussitôt son arrivée. Il en a reçu des réponses; et madame Berny n'a pas manqué de faire, comme elle se l'était promis, des reproches à M. de Faskilan sur la précipitation qu'il avait mise à lui enlever son fils. M. de Faskilan, qui a ses projets, se moque de cette petite humeur, et réplique par la lettre la plus hypocrite, qui produit son effet; c'est-à-dire qu'elle calme complètement la famille Berny.

Quinze jours se sont écoulés, et notre Jules n'a vu encore chez Adalbert que quelques personnages insignifians, qui n'ont fait aucune sensation sur son esprit. Jules se trouve bien heureux ; il a des livres de jurisprudence ; il travaille ; il va aux écoles de droit, dont il est très-voisin ; il emploie son tems en un mot, et pense que rien ne pourra troubler sa félicité, ni déranger ses projets.

Adalbert lui dit un matin : Prépare-toi, mon neveu, à beaucoup de plaisir aujourd'hui. Une dame de mes amies, qui arrive de sa campagne, m'a fait demander à dîner exprès pour te voir. — Pour me voir, mon oncle ? Ai-je l'honneur de connaître cette dame ? — Non ; mais je lui ai tant et si souvent parlé de toi, qu'apprenant ton installation ici, elle a quitté Saint-Brice pour juger par elle-même si les éloges que je lui ai faits de mon ami sont mérités. Prends garde à lui tourner la tête ; car c'est une folle ! d'une gaîté !.... Mais c'est une femme estimable. Veuve d'un homme de condition, madame la baronne Détestor jouit d'une fortune honnête.... — Madame Détestor, mon oncle ; voilà un singulier nom ! — C'est le sien, celui d'une terre superbe, qu'elle possède à... ; ma foi je ne sais où. Comme je te disais, elle a du bien, de l'esprit, quelques charmes encore ; et c'est une personne dont je fais le plus grand cas. Je t'engage à la traiter... —Oh ! avec respect, mon oncle. — Avec respect ; comme tu voudras. Les dames n'aiment pas trop qu'on les respecte ; cela leur fait sentir, ou leur poids, ou leur âge, quand elles ont passé celui des amours. Elle te mettra bientôt à ton aise, vas ; car je te le répète, on n'est pas gai comme cette femme-là. Nous aurons aussi à dîner le chevalier Perrot, grand et ancien ami de madame la baronne Détestor. Je ne dis pas qu'il soit le mien, quoique ce soit un très-galant homme. Mais je l'ai vu rarement, et je n'accorde pas comme cela mon amitié au premier venu. Je t'engage à m'imiter sur ce point, mon neveu. Il faut connaître, juger avant d'aimer, d'estimer ; car on peut faire des liaisons dangereuses, et rien n'est plus pernicieux pour un jeune homme ! Consulte-moi, consulte-moi toujours? ici, tu ne verras que d'honnêtes gens ; ainsi je ne crains rien. Des femmes comme madame la baronne Détestor sont faites pour former la jeunesse, plutôt que pour la déranger de ses devoirs.

Faustin, qui est là, ne peut s'empêcher de sourire. Adalbert qui craint que Jules n'interprète défavorablement cette marque d'ironie, se hâte d'ajouter : Tout le monde l'aime ici, cette digne femme ! n'est-ce pas, Faustin ? — Ah oui, oui, monsieur, répond le domestique ; c'est une dame si aimable.

Jules a trop de simplicité, et pas assez d'expérience, pour avoir compris le sourire de Faustin. Il brûle de voir la dame et de la traiter avec tous les égards que mérite une amie de son oncle.

Elle arrive à l'heure du dîner, cette madame Détestor, conduite par son chevalier Perrot. Madame la baronne Détestor est une femme grande, assez grasse, et qui a dû être très-belle ; elle a ses cinquante ans bien sonnés ; mais elle s'en donne trente-deux, et quand elle feint d'être franche, elle ajoute six mois à ces trente-deux ans-là. Du reste, une belle taille, une peau très-blanche, et des vestiges d'une antique beauté, que l'on veut faire ressortir encore à force de rouge et de blanc.

Son chevalier Perrot est un homme de quarante ans, long,

sec, basané, dont la figure est ombragée par deux épais sourcils noirs qui couvrent des yeux creux et voisins du plus énorme nez du monde. Les manières de ces deux gens-là sont affables, polies, mais lestes et d'un assez mauvais ton.

La baronne Détestor dit en entrant : Bonjour, Adalbert, bonjour : où est donc cet aimable Jules, votre cher neveu, dont vous ne cessez de me faire l'éloge, et que ses parens vous ont confié. — Le voilà, baronne ! — Quoi, monsieur, ce jeune homme ! il est charmant ! charmant, d'honneur. Mais vous ne m'aviez pas tout dit, Adalbert ! — Que vous ai-je donc caché, baronne ? — Vous ne m'aviez vanté que son esprit, son jugemènt; il fallait donc ajouter que c'est un cavalier d'une figure, d'une tournure !... — Il faut bien laisser quelque chose à la surprise. — Mais c'est que je n'en reviens pas, pas du tout. Qu'en dites-vous, Perrot?

Perrot répond: Ah, nous sommes de fort mauvais juges pour nous, baronne. Votre sexe qui est doué d'une certaine finesse de coup-d'œil, peut se permettre des éloges... que d'ailleurs monsieur paraît mériter. — Mais c'est que je n'ai vu nulle part un jeune homme fait comme cela.

Adalbert réplique : Doucement, baronne ; savez-vous que vous pourriez bien me le gâter.

Oh, mon oncle, répond Jules en souriant, ne craignez rien pour ma vanité ; je vois que madame est trop indulgente, et qu'en daignant me flatter, elle ne veut que vous faire sa cour; tout le monde sait que vous avez tant d'amitié pour moi. —C'est vrai ; je l'aime autant, plus même que son père ; car le cher homme ne songeait pas à lui donner un état.—Eh bien, reprend la baronne, qu'est-ce que vous en faites? un militaire sans doute? Oh, je raffole du militaire, moi, et ce sera le plus joli officier ! — Non, non. Son père préfère qu'il soit avocat. — Avocat, qu'est-ce que c'est que cela ! un avocat ! Ah, mon Dieu, il me semble vieilli de cinquante ans. Que paraîtra-t-il sous une grosse perruque, une énorme robe noire ? ah, fi donc !

Adalbert dit à Jules en souriant : Je t'ai prévenu que madame la baronne est d'une gaîté folle ; la voilà dans ses momens de persifflage... — Mais non, je ne suis pas folle du tout ; j'aimerais voir monsieur en uniforme ; cela lui irait beaucoup mieux. — Il n'est pas question ici, baronne, des habits, mais des professions. Celle d'avocat lui convient sous tous les rapports. Ses parens, qui le chérissent tendrement, trembleraient trop s'ils le voyaient faire la plus petite campagne. — Eh bien, je ne suis pas comme cela, moi ! Vive la gloire !

Et madame Détestor frédonne ces deux vers :

> Rien ne plait tant aux yeux des belles
> Que le courage des guerriers.

Elle répète avec affectation *que le courage des guerriers*. Sa voix est dure, un peu fausse ; mais elle ne se fait pas prier pour chanter, et c'est toujours une qualité.

Jules, qui depuis sa sortie du collége, a vécu dans une campagne isolée, Jules qui n'a vu, fréquenté que quelques bonnes gens simples et tout unis, s'imagine que le ton de cette dame est celui de la bonne compagnie. Il l'admire, et se promet de profiter de sa conversation pour parvenir à prendre ce ton qui sans doute est le meilleur. D'ailleurs, on le flatte, on le trouve charmant ! Qui ne se laisserait prendre à cette perfide amorce !

Madame la baronne Détestor exige que Jules soit placé près d'elle à table ; on dîne, et la chronique scandaleuse de la ville est mise sur le tapis. La dame et son chevalier en disent de belles. Adalbert s'efforce d'abord de blâmer la médisance ; puis il sourit, dit son mot, se retient, et feint de faire taire la baronne par ces mots placés avec adresse : Allons, en voila assez... encore !... qu'elle est méchante !... elle y met tant d'esprit qu'on peut lui passer ce goût qu'elle a pour tout critiquer... C'est qu'en effet le monde offre tant de travers ! Tu le crois, Jules, aussi probe, aussi bon que toi ; il n'y aura pas de mal que tu le voies un peu, pour régler ton jugement, pour te donner de l'expérience. — Je me charge de cela, réplique la baronne, je le mènerai dans mes sociétés. Vous me le confierez bien de tems en tems, n'est-ce pas, Adalbert ? — Mais, baronne ; je ne sais si je ne devrais pas vous refuser. J'ai promis qu'il ne ferait pas une démarche sans moi, et la solitude est si fort de mon goût! — Bon! est-ce une demoiselle, pour que vous l'accompagniez par-tout? un homme! Adalbert, le refus serait obligeant! — Ecoutez donc, baronne; il est jeune, il est bien. Il n'aurait qu'à toucher le cœur de quelque jeune beauté. — Oh, je l'en empêcherais très-fort par exemple. Je veillerai sur lui, sur ses liaisons, comme une mère, et une mère sévère! — Vous ferez très-bien. Ce n'est qu'à cette condition, en vous remettant à cet égard tous mes droits sur lui, que je lui procurerai quelquefois le plaisir de vous accompagner.

Et vous ferez sagement, interrompt Perrot. Il ne faut pas que ce jeune homme vive dans l'ignorance des ridicules qu'offre la société. Le tableau au contraire lui en sera utile, moral, et ne contribuera qu'à former son cœur, son esprit, par les contrastes frappans que cela lui offrira avec votre délicatesse, vos mœurs, vos principes en un mot. —Ah, je le mènerai, poursuit la baronne, chez le conseiller D..., ce petit homme tout bouffi de son mérite, qui, à cinquante ans a pris une femme de vingt, et qui croit bonnement la posséder tout seul. Ah, ah, ah (*elle rit aux éclats*); il se tue de l'appeler sa moitié, sa chere moitié; et l'on fait courir sur lui une épigramme qui finit par ces deux vers :

<blockquote>Ah, peut-on nommer sa moitié
Ce qu'on partage avec les autres !</blockquote>

Elle rit de nouveau. Adalbert s'écrie : Non, oh certainement non, baronne, vous ne conduirez pas mon neveu dans cette maison immorale ; je m'y oppose fortement. — Pourquoi ? il faut tout voir pour s'aguérir contre les pièges de la séduction. J'y vais bien, moi ! et j'espère que j'ai des mœurs. — Certainement, baronne, votre réputation est intacte ; mais grace pour la maison de monsieur le conseiller ? — A la bonne heure. Quant au commandeur d'Ovilé, c'est une connaissance qu'on peut lui procurer ? — Ce commandeur est un vieux libertin, un athée déterminé avec cela. — Vous me faites rire ! avec votre athée ! La maison de la présidente du Préval, allons ? c'est la réunion de tous les gens d'esprit de Paris. — Je n'aime pas encore cette présidente. Il a couru sur son compte certaines anecdotes. —Ah! mais savez-vous bien, Adalbert, que vous faites la guerre à tous mes amis. —Vous vous amusez, baronne; vous ne pouvez être l'amie de tous ces gens-là. —C'est vrai. Vous me rendez justice, et vous jugez bien que je badine. Ce ne sont pas là des sociétés faites pour M. Berny, vraiment je me garderais de l'y introduire. Les miennes, celles que je vois frequemment, n'ont nulle anecdote à redouter. Ce sont de bonnes gens qui vivent simplement, tout rondement comme moi; et c'est la comtesse que vous connaissez, le colonel Drécourt, la présidente d'Ailly; à la bonne heure, n'est-ce pas? Tous ces amis là, vous permettrez?.— Volontiers, voilà des noms qu'on peut citer. — Ce n'est pas qu'il n'y ait une foule de travers à leur reprocher ; mais ils ne vont pas jusqu'au scandale. — C'est l'école du monde, sans en offrir tous les vices. —Bien, bien, Adalbert ; nous voyons par les mêmes yeux. Eh, croyez-vous que je veuille mettre de mauvais exemples sous ceux de ce jeune homme, si doux, si timide, si vertueux ! allons, vous me jugeriez bien mal !

La baronne continua sur ce ton. Adalbert ramena la conversation sur des objets plus graves, et Jules, qui s'en mêla, fit briller son esprit et son instruction. La baronne répéta souvent : A merveille, mon cher enfant, à merveille ; il est charmant !

Sur le soir, le chevalier Perrot prétexta une affaire qui l'empêchait de reconduire la baronne. Celle-ci le gronda, le bouda, demanda enfin si elle s'en irait seule. Adalbert s'offrit pour l'accompagner, malgré un rhume qu'il allégua, et dont il n'avait pas parlé de la journée. La baronne demanda Jules, et Jules se fit un vrai plaisir de donner le bras à cette dame, dont les manières étaient apparemment, selon lui, celles de la haute condition.

La baronne Détestor n'occupait qu'un pied à terre à Paris; elle passait, disait-elle, huit mois de l'année à Saint Brice, où elle avait une maison de campagne, dans la vallée de Montmorency. Elle engagea Jules à monter chez elle, rue des Fossés-Monsieur-le-Prince, au premier étage d'une maison très-bourgeoise. Jules refusa ; mais comme elle voulait lui montrer des dessins, des gravures, elle lui fit promettre qu'il viendrait le lendemain déjeûner à la fourchette, avec elle à midi, attendu qu'elle se levait très-tard.

Jules, de retour chez Adalbert, lui parla de l'offre de la baronne, qu'il avait acceptée, peut-être indiscrètement, n'étant pas sûr de la permission de son oncle. Adalbert la lui donna, en le félicitant au contraire d'avoir su gagner l'affection d'une dame qui méritait l'estime de tous les honnêtes gens. Elle est très-gaie comme tu vois, ajouta-t-il, et cela pourrait la faire juger légère, inconséquente; mais elle a le fonds excellent, et des principes à toute épreuve; du moins je le crois; car, si je ne la connaissais...très-bien, je ne te permettrais pas de la voir. D'ailleurs, tu m'as donné ta confiance, et je veux que tu ne t'en écartes jamais. J'exige que, tous les jours, lorsque mes affaires m'empêcheront de t'accompagner chez la baronne ou ailleurs, tu me rapportes exactement tout ce que tu auras vu ou entendu dans la société. Mon devoir est de veiller sur tes liaisons, mon ami, et, si tu en formes en secret, sans mon aveu, tu conçois quels reproches j'aurai à te faire! — Oh, mon oncle, ne doutez jamais de ma sincérité, de ma soumission! ma vie, mes actions, mon cœur, tout en moi vous est parfaitement dévoué. — Bien, mon cher Jules.

Avec cette promesse, la certitude sur-tout que tu me prendras pour ton seul et intime confident, je crois ne rien risquer de te permettre de voir un peu le monde. Tu ne peux pas y être introduit par une dame qui le connaisse mieux que la baronne.

Adalbert dit ces derniers mots avec un sérieux qu'il a bien de la peine à contenir ; mais il appuie de manière à persuader à Jules que la baronne a toute l'expérience, toute la sagesse possibles, et Jules d'ailleurs est déjà enthousiasmé de cette femme.

Faustin entre, une lettre à la main, qu'il remet à Jules.

Jules regarde la suscription. Elle est pour moi, dit-il ; mais je n'en connais pas l'écriture. Permettez-vous que je la décachète?..... Ah! c'est le père Augely qui m'écrit; j'ai regardé vîte à la signature; c'est le père Augely.

Le père Augely, dit Adalbert en fronçant le sourcil, en changeant de couleur ! Qu'a-t-il à te dire ? — Nous allons le savoir, répond Jules; car ce billet ne peut contenir aucun secret; je vais vous le lire.

Et il lit :

« J'habite Paris depuis quelques
« jours, mon cher Jules. Faites-moi
« le plaisir de venir me voir de-
« main matin vers huit heures. Nous
« déjeûnerons ensemble et nous
« causerons; j'ai bien des choses à
« vous dire sur votre respectable
« famille que j'ai quittée...à re-
« gret; mais il le fallait. Venez seul;

« je vous attendrai avec du cho-
« colat.

« Votre ami de tout cœur. »

LE PÈRE AUGELY ;

rue des Fossés-Saint-Victor, maison de la Doctrine chrétienne.

Adalbert éprouve un trouble remarquable ; mais il le maîtrise, et dit en souriant : ah ! ce cher religieux ! comment, il est à Paris ! en passant apparemment, pour quelque tems. Il faut le voir, mon ami ; tu l'iras voir, n'est-ce pas ? — Puis-je refuser de voir l'ami de mon père ! — Tu as raison. C'est un bien digne homme que ce père Augely. Il m'aime beaucoup ; du moins, je le présume ; car qui peut se fier aux hommes ! pour moi, je l'estime à un point!... — Il est étonnant, mon oncle, que me sachant chez vous, il ne me charge pas de vous présenter ses hommages? — J'aime ta remarque, je ne l'aurais pas faite; elle prouve que tu désires que tout le monde m'aime autant que tu le fais. Ah! il n'y aura pas pensé. Un homme de ce poids, de cette gravité!... Vas-y, Jules, et tu me diras sur quoi aura roulé votre conversation. Jules, tu viens encore tout-à-l'heure de me promettre de me prendre pour ton confident. — Vous le serez toujours. — Cela m'obligera... tu me feras plaisir... bien, mon ami.

Un homme plus pénétrant que Jules aurait remarqué l'émotion d'Adalbert, qui balbutiait, qui ne savait presque pas ce qu'il disait,

Mais Jules pensait à la réunion des deux déjeûners qui lui étaient offerts pour le lendemain. Il se promettait bien de se rendre à tous les deux. L'un devait être grave ; l'autre promettait plus de gaîté ; et notre jeune homme, tout en songeant aux égards qu'il devait au père Augely, se faisait une fête de passer ensuite quelques momens avec la baronne.... Prends garde, pauvre Jules! le serpent est ici caché sous les fleurs ; crains sa piqûre envénimée, Jules ; il est tems encore de t'en garantir.

VII.

> Connaissez-vous l'estampe de cet homme que l'on voit placé entre *le vice* et *la vertu*? voilà justement la position de notre Jules.

Jules était prêt de bonne heure. Il n'avait vu le père Augely qu'un moment, la veille de son départ ; il lui avait trouvé des traits, respectables sans doute, mais sévères ; Jules ne se sentait point de grandes dispositions à aimer ce vieillard ; cependant il était l'ami de son père. Ce titre suffisait à notre jeune homme pour qu'il le respectât.

Jules se rend chez le père Augely et le salue : Vous m'avez fait savoir, monsieur, lui dit-il, votre arrivée à Paris, et je remplis un devoir bien doux en me rendant à votre invitation. — Bien, Jules.... Pardon, jeune homme, si je ne vous donne pas le titre de Monsieur ; mais j'ai toujours appelé votre père tout bonnement Berny, mieux que cela mon ami. — Serai-je assez heureux pour mériter de votre part la même faveur ? — Ce n'est point une faveur. Mon devoir même m'a prescrit de vouer au fils la tendresse que j'ai pour le père. Je le répète, Jules, c'est un devoir pour moi... et un jour vous saurez combien il m'impose d'obligations. — Un jour... — Oui, oui. Mais déjeûnons.

Jules sentit qu'il eût été désobligeant de refuser le déjeûner du religieux. Un autre l'attendait, bien plus recherché, bien plus agréable sans doute ; mais à huit heures du matin, du chocolat, et à l'âge de Jules, cela ne fait tort à aucun repas.

Le bon religieux Mathurin fit servir, et Jules lui demanda si la santé de ses parens était bonne lorsque le père les avait quittés. — Très-bonne, mon ami. Votre mère seulement était très-affectée de la manière brusque dont M. de Faskilan vous avait emmené. — J'en ai eu aussi bien du chagrin ; mais mon père avait ordonné... — Votre père n'avait rien ordonné. C'est M. de Faskilan qui a pris sur lui de feindre cet ordre prétendu de M. Berny, pour éviter, a-t-il dit depuis, les regrets d'une séparation. — Si j'avais su cela dans le moment, j'en aurais bien voulu à mon oncle ; mais aujourd'hui je sens sa raison, et je lui en sais même infiniment de gré. — Comment jugez-vous M. de Faskilan ? — Comme je le dois. C'est un homme probe, aussi bon que sensible et vertueux. — Vous avez donc pour lui ?... — Le plus sincère attachement, qu'il me rend bien, oh bien ! — Il est... dévôt ? — Sans exagération ; il ne me force point à partager ses pieuses pratiques. — Jules !.... il a donc toute votre amitié, toute votre confiance ? — Je l'aime ! autant que j'aime mon père. — Jules... que ne puis-je parler ! — Qu'avez-vous, monsieur ? vos yeux se remplissent de larmes en les fixant sur les miens ? — C'est sur vous, Jules, sur vous que je les verse ces larmes du plus vif intérêt. — Sur moi, monsieur, par où ai-je mérité le sentiment de la pitié ? — Ce n'est point de la pitié ; c'est, je vous le répète, un intérêt... bien tendre. — Daignez m'expliquer...? — Vous êtes jeune, simple, Jules, et vous avez toute la candeur de l'innocence. Si je vous disais... mais non, votre indiscrétion pourrait détruire mes plans. — J'ai vingt ans, mon père; à mon âge on n'est ni simple, ni indiscret. — Il faudrait que vous me promissiez de ne point rendre à M. de Faskilan, ni cette conversation, ni celles que nous pourrons avoir nous deux par la suite. — Impossible, mon père. J'ai juré à mon oncle qu'il serait à jamais le confident de mes plus secrètes pensées. — Voilà ce que je redoutais. De manière que, si je m'expliquais franchement avec vous sur le compte d'Adalbert, que je suis bien loin d'estimer comme vous le faites, vous lui feriez part ?... — Je ne sais jamais répéter les mauvais complimens. — Il n'est point question, mon ami, de mauvais complimens, mais de tristes vérités que j'aurais à vous dire sur cet homme qui ne vous flatte que pour vous attirer dans le piége le plus. . . .

Jules se lève; il est rouge de dépit : Monsieur, dit-il au père Augely, mon père vous estime, je vous respecte... Si je me trouvais dans une maison où l'on voulût vous calomnier devant moi, dès les premiers mots je me retirerais. — Restez, Jules, je vous en prie; je pourrais vous l'ordonner, car j'ai aussi quelques droits sur vous. Veuillez lire ce *post-scriptum* de la dernière lettre de votre père : « *Mon ami, m'y dit-il, veillez sur mon fils ; je veux qu'il vous soit soumis comme à moi-même.* » Je n'abuserai point de cet empire qu'il donne à un vieillard de soixante-douze ans sur un jeune homme de vingt. C'est par la franchise, c'est par l'amitié que je veux mériter son affection. Veuillez vous asseoir, Jules, et m'écouter.

Jules s'asseoit. Le père continue : Si vous avez de grandes qualités, mon cher Jules, au moins vous conviendrez que vous êtes sans expérience ; il vous faudrait un guide sûr, fidèle, probe, qui .... — Ce guide, monsieur, ne l'ai-je pas dans mon oncle ? — Cela .... se peut ;

mais ne daigneriez-vous pas m'accorder aussi quelque confiance, à moi, à moi, qui fus l'ami de votre aïeul, qui le suis de vos parens, qui connais Adalbert dès sa plus tendre jeunesse; c'est vous dire assez que je puis avoir des raisons pour le juger plus défavorablement que vous. — Il ne fut donc pas toujours aussi vertueux qu'il l'est ? — Je... ne dis pas cela... En vérité, Jules, vous ne devinez pas combien vous m'embarrassez. — Veuillez me dire en quoi, monsieur. — Votre candeur, votre extrême confiance en M. de Faskilan... Si j'exigeais de vous le serment de ne point lui révéler nos entretiens ?... — Je ne le ferais pas, ce serment, mon père; je n'aurais jamais l'ingratitude de le tenir. — Vous ne me connaissez pas assez, je le vois trop. — Mon père, ma mère m'ont fait tant de fois l'éloge du révérend père Augely, que je le connaissais d'avance par ses vertus ; et je l'avoue, je suis bien étonné aujourd'hui qu'un homme aussi respectable cherche à brouiller un neveu avec un oncle qui lui prodigue tous les soins paternels. — Brouiller est le mot. Si je le pouvais, Jules, ah ! vous seriez bien heureux. — Ce langage... — Je vais l'expliquer, au risque que tout lui soit redit. Oh ! je ne le crains pas, moi ! c'est lui qui a mille motifs pour me redouter. Jules, vous êtes entre les mains d'un homme qui a un intérêt direct à vous tromper. — Un intérêt ? — Puissant, que je ne puis vous apprendre malheureusement ; car je manque même à mon devoir, en ce moment, en vous en parlant ainsi. Adalbert est un homme faux, hypocrite, qui joue tous les sentimens et qui n'en a aucun. Il a des projets sur vous, des projets... que j'ignore; mais il en a très-certainement. Le moindre de ses desirs est de vous éloigner du sentier de l'honneur, de la vertu.... — Permettez, monsieur; si mon père le connaît, comme vous, sous cet odieux rapport, pourquoi m'a-t-il confié à ses soins? — Eh non; votre père est aveugle, sourd; il ne veut pas m'écouter, et je vois que je ne serai pas plus heureux auprès de son fils... Je m'emporte, je le sens, ce n'est pas le moyen de capter votre confiance; mais l'adresse est pour le vice, l'amitié est franche et sévère; elle ne sait rien dissimuler. Redites-lui, si vous voulez, à votre Adalbert, comment je l'ai traité devant vous, vous le verrez rougir, pâlir, sourire amèrement, lever les yeux au ciel, faire en un mot toutes les grimaces d'un tartuffe. — Ah! mon père, je suis vraiment coupable d'écouter... — Il se gardera bien de se plaindre de moi, je l'en défie. — Peut-être est-il plus prudent, ou moins prompt à juger les hommes. — Il sait qu'un seul de mes regards peut le faire trembler. — Mais sous quel rapport? — Eh, voilà ce qu'il m'est défendu de vous dire. O sainte amitié! qu'exiges-tu de moi!... — Enfin, monsieur, en supposant que j'aie la faiblesse, l'injustice de vous croire, que dois-je faire, moi, à qui mon oncle n'a joué encore aucun mauvais tour?

Le père Augely se lève et poursuit en se promenant : Ce que vous devez faire ?... ce que vous ne ferez point, jeune homme! Il faudrait m'écouter, me croire d'abord, me voir fréquemment, vous mettre en garde contre votre Adalbert, ses amis, ses liaisons; me faire un rapport fidèle de ses démarches, des vôtres. Alors mon expérience viendrait au secours de votre candeur. Nous verrions, nous chercherions à deviner les projets du méchant, et nous nous y opposerions. Je sens que mon âge, mon caractère, le sérieux de ma conversation, la gravité de mes conseils, tout cela se rapproche moins d'un jeune homme que le patelinage, l'extrême douceur, la gaîté, la facilité d'un homme du monde, d'un perfide tel qu'Adalbert. Il vous faudrait une vertu surnaturelle... Je vous l'accordais, Jules ; oui, je vous supposais capable d'écouter les leçons de la sagesse, les avis de l'amitié.... Insensé que j'étais !... et pour votre bien encore, pour vous, pour vous seul. — Monsieur s'anime à un point !.... — Eh, puis-je traiter froidement les grands intérêts qui vous concernent ? — Quels sont ces intérêts, de grace ? — Voilà ce qu'ils me demandent tous ; mais je ne puis parler. — En ce cas, jusqu'à ce que monsieur le puisse ou le veuille, il me permettra de ne voir dans ses avis qu'un excès de prudence, dû sans doute à l'amitié vive qu'il porte à ma famille ; et alors je ne dois que lui en témoigner ma reconnaissance, en lui demandant la permission de me retirer.

Jules veut sortir; le père Augely le retient par le bras. Vous me quittez, Jules, lui dit-il, et sans me donner?... — Quoi! mon père ? — La promesse au moins de visiter quelquefois le vieil ami de vos parens. — Si c'est pour entendre continuellement calomnier mon oncle? — Vous tenez bien de votre père et de votre aïeul, Jules. Oui, Evrard était comme cela; opiniâtre, entêté, méfiant, et plus violent il est vrai. Aurait-il fait le malheur de son fils s'il n'eût pas eu votre caractère à tous ? — Monsieur, je vous salue. — Soyez en garde, Jules, contre Adalbert, contre vous-même ; il y va du bonheur de votre vie. Eh, souvenez-vous de cet avis que vous donna un inconnu, dans des lettres anonymes et de vive voix : *Soyez vertueux, Jules ; vous serez un jour heureux, plus heureux que vous ni vos parens ne pouvez l'imaginer.* — Monsieur connaîtrait-il ce vieillard ? — Non ; votre père m'a donné les détails de votre rencontre et m'a communiqué ses lettres, voilà tout. — Soyez, en ce cas, bien persuadé, Monsieur, que jamais je ne m'écarterai des devoirs de l'honnête homme. C'est tout vous dire. J'aurai de tems en tems l'honneur de vous voir, et vous ne douterez plus que je ne tienne ma parole. Adieu, mon père. — Adieu, Jules.... pauvre Jules ! que ne puis-je t'éclairer !

Jules sort avec joie de cette maison où il vient d'éprouver plus que du dépit. Il est indigné contre le père Augely, qu'il traite de pédant, de vieux radoteur, et il se propose bien, suivant sa promesse, de rapporter à son oncle, jusqu'au moindre mot de l'étrange conversation qu'il vient d'avoir avec le religieux.

Il rentre chez Adalbert, qu'il trouve occupé à écrire. Te voilà, Jules, lui dit Adalbert. Tiens, j'écris à Mme la baronne Détestor qu'une affaire imprévue exige que tu sortes toute la matinée avec moi, que je la prie de t'excuser si tu ne peux avoir l'honneur de déjeûner chez elle. —Vous avez besoin de moi, mon oncle? — Non, ce n'est pas cela. C'est un prétexte que je prends pour te dégager de ta promesse. J'ai réfléchi. J'ai pensé que cette dame, tout estimable qu'elle soit, peut abuser de tes momens, te faire perdre ton tems ; et puis elle a des projets de te lancer dans ses sociétés, de te faire voir le monde; cela m'a effrayé. J'ai si peur que tu ne fasses de mauvaises connaissances ! Jules, à ton âge, on est facile à s'enflammer. Tu n'aurais qu'à faire par la suite quelque sottise, combien je me reprocherais de t'avoir procuré la connaissance d'une dame qui, par ses liaisons peut-être aurait été la cause, quoique involontaire, de ton inconduite ! — Mon oncle a bien peu de confiance en moi ! — Non, je veux que tu ne voies personne, absolument personne. — L'arrêt est un peu rigoureux. M. Adalbert connaît madame la baronne pour une femme digne d'estime, et c'est moi qu'il redoute. Il n'est pas assez sûr de mes principes, de ma soumission à ses avis, de ma confiance en lui. Mon oncle, ah ! c'est vraiment me faire injure ! — Que veux-tu, la bonne conduite, les mœurs sont tout pour moi. Les tiennes me sont confiées par le plus respectable des amis, et je tremble à tout moment de mériter ses reproches. — Ne les craignez point, mon oncle. Vous n'en essuierez jamais. Je sors cependant de chez un homme qui paraît n'être pas bien disposé en votre faveur. — Qui, le père Augely ? — Lui-même. — Bon ! et que lui ai-je donc fait ? — C'est ce que je lui ai demandé ; il n'a jamais pu me le dire. — Je le crois bien ; il serait très-embarrassé. — Quand j'aurais pu ajouter foi à ses rapports, ce nouveau trait de délicatesse, de prévoyance, mon oncle, cette crainte que vous avez que je ne me lie trop avec la baronne, avec ses connaissances, m'éclaireraient sur sa malignité et sur la pureté de vos sentimens.

Adalbert, qui s'était préparé, ne change point de visage; aucune altération ne paraît dans ses traits. Il interroge Jules en souriant, avec l'air de la franchise, de l'étonnement, et même de la bonhomie. Et que t'a dit ce bon père, lui demande-t-il ? — Je me garderais bien de le répéter ; j'ai été assez contrarié de l'entendre. — Mais encore ? — Qu'il vous suffise d'apprendre, en cas que vous l'ignoriez, qu'il ne vous aime point, qu'il vous traite de tartuffe, d'hypocrite, que sais-je ! — Ah, ah, voilà du nouveau. Je vois ce que c'est. C'est une suite de la jalousie qu'il me portait autrefois. Il aurait voulu posséder seul l'amitié, la confiance de M. Evrard Berny, ton aïeul, qui nous avait tous deux ramenés des îles. Mon bienfaiteur m'aimait tant ! il suivait les conseils que je prenais la liberté de lui donner, plutôt que ceux du père Augely, et celui-ci m'en a gardé un ressentiment éternel. Je le savais; j'aurais pu t'en prévenir ; mais j'ai en horreur de mal parler de mon prochain, même de mon plus mortel ennemi. Celui-ci est l'ami de ton père, qui est confiant et crédule au dernier degré. Je devais, je dois encore t'engager à le respecter, à le voir même de tems en tems. — Non, ne l'espérez pas, mon oncle. Puis-je fréquenter quelqu'un dont vous avez sujet de vous plaindre?—Pourquoi; vas quelquefois chez lui. C'est un vieillard, qui fut toujours sombre, morose, il est vrai; mais il est respectable sous mille rapports. Voyez comme je suis à plaindre de n'avoir pu me faire un ami d'un homme à qui j'ai rendu les plus grands services. Je lui sauvai la vie au Cap. Je l'aidai de ma bourse, de mon crédit auprès de M. Evrard. Aujourd'hui, voilà comme il m'en récompense! Cela ne m'étonne point; les hommes sont si ingrats! si tu m'en crois, Jules, tu les fuiras, tu t'isoleras, tu ne verras, tu n'obligeras personne, et tu t'en trouveras mieux; mais laissons ce moine, à qui il faut bien passer les défauts attachés en général au froc. (*Il tire sa montre.*) Quelle heure est-il? onze heures et demie. J'ai à écrire dans mon cabinet. Que feras-tu, toi? — Moi, mon oncle, je vais chez la baronne. — Malgré mes avis? — Si vous me le défendiez, mon oncle, je vous obéirais ; mais vos craintes sur ma légèreté me font de la peine, et votre estime pour cette dame me rassure. — Fais-lui mille complimens de ma part, et demande-lui quand elle retourne à Saint-Brice, quel jour elle peut nous donner pour dîner ensemble? — Oui, mon oncle. Adieu, mon ami. — Tu m'as bien nommé, Jules, vas, tu n'auras jamais de plus zélé, de plus sincère ami que moi.

A peine Jules fut-il parti que Forville entra chez Adalbert. Eh bien, dit Forville, où en est notre baronne? — Pas tout-à-fait encore, répond Adalbert en riant, au but qu'elle se propose; depuis hier on n'a pas eu le tems; mais cela viendra. Jules y va déjeûner dans l'instant. La matinée est singulière pour lui. Il sort de chez un religieux, qui est toute morale, pour courir chez une femme... qui ne l'est guères, n'est-ce pas? Ah, ah, ah!

Tous deux rient. Adalbert continue: M. Forville, connaissez-vous l'estampe de cet homme qu'on voit placé entre *le vice* et *la vertu?* voilà justement la position de notre Jules aujourd'hui; et j'espère que le vice aura plus d'attraits pour lui que la vertu. — Il n'y a pas de doute. — J'y compte même; diable! sans cela, tous mes plans seraient dérangés. Je veux cependant que ce soit visiblement sa faute, et nullement la mienne. Sais-tu que ce père Augely me fait trembler ! j'ignore ce qu'il a dit ce matin au jeune homme ; mais il paraît qu'il ne m'a pas ménagé ! — Au surplus, que veux-tu qu'il lui apprenne ? il ne sait rien, ce vieux radoteur, à ce que tu m'as dit ? — Non ; mais il me connaît à fond, ce madré personnage, et, sans deviner mes projets, il se doute bien que j'en ai. Jules néanmoins a pour moi un véritable attachement. Je mettrai si bien le père Mathurin dans son esprit, qu'il ne retournera plus chez lui, je t'en réponds. As-tu vu la petite Agathe ? — Je l'ai vue, je l'ai mise au fait. Elle est toute prête à jouer son rôle dans notre comédie.

Elle est adroite, fine ; eh puis cela vous a une expérience, ah ! j'espère qu'elle a de l'expérience.... mais, adieu. J'ai encore quelques acteurs à endoctriner, puis je viendrai dîner avec toi et notre Seïde.

VIII.

Si jamais tu te perds, Jules, ce ne sera pas faute d'avoir été bien averti !

Jules, encore plein de l'humeur que lui a donnée le père Augely, réfléchit, en allant chez la baronne, sur ce qu'il appelle les emportemens de ce bon père. Il prétendait, se dit Jules, que, si je rapportais notre conversation à mon oncle, je le verrais pâlir, rougir, se mordre les lèvres, lever les yeux au ciel, sourire forcément, protester enfin de son innocence. Rien de tout cela n'a eu lieu. Mon oncle a pris ses sottises comme un homme franc, loyal, qui est fort de sa conscience, qui ne peut empêcher la calomnie de l'atteindre, mais qui s'en console parce qu'il ne la mérite pas. Il me gêne, il m'offense même par ses terreurs et sa surveillance. Il redoute pour moi jusqu'à ses amis ! Cette baronne, par exemple, qui est bien la femme la plus gaie, la plus aimable, pourquoi ne la verrais-je pas ! mon oncle l'estime, cela me suffit.

Ainsi raisonnait Jules, et il se promettait bien, s'il revoyait le père Augely, de le prier de faire trève à des avis dont il n'avait pas besoin.

Il entre chez la baronne, qui l'attend dans un élégant déshabillé, et avec un déjeûner charmant. Bonjour, mon cher enfant, dit la baronne en courant l'embrasser. Je vous embrasse, comme vous voyez ; mais c'est sans conséquence, une maman ! — Madame la baronne est de ces mamans qu'on prendrait aisément pour des demoiselles. — Vous croyez ? Ah, ah, taisez-vous donc ? regardez mes traits, mon sot embonpoint. Allons, morveux, je serais votre mère. — Vous me seriez toute autre chose, belle dame, si mon cœur n'était pas engagé. — Ah, il est donc engagé, ce cœur-là ? Tant mieux, tant mieux. Il faut qu'un jeune homme sente ce que c'est que l'amour, le plus doux sentiment de la nature !

Elle soupire et continue : Mais déjeûnons. Comment va mon bon ami Adalbert ? — Très-bien, madame la baronne. — Ah, que cela fait un homme estimable ! Il n'a qu'un défaut; c'est de trop s'éloigner de la société. — Il a en effet les goûts.... — D'un Caton. A son âge, avec son physique, sa tournure, son esprit, il éclipserait tous nos jeunes-gens; mais c'est un homme sévère sur les principes! ne prêchant que morale! (*Elle rit.*) Ah, ah, ah; il eût fait en vérité le huitième sage de la Grèce. Il vous aime bien, jeune homme; et vous lui devez la plus vive reconnaissance! — Il a, Madame, toute mon affection, toute ma confiance. — Oui, votre confiance, excepté sur de ces choses que les jeunes gens ne disent à personne. — Quelles choses? — Eh bien, est-ce que l'on n'a pas une petite connaissance? Allons, c'est si naturel, à votre âge! — Oh non, madame la Baronne; mon cœur est tout à mon Aloyse. — Aloyse? Qu'est-ce que c'est que ça? — C'est ma cousine, mon amie d'enfance. Elle doit être ma femme. — Ah, charmant! divin! J'aime ces unions d'enfance qui se terminent par un mariage assorti ; c'est délicieux!... Mais vous ne mangez pas?

La baronne offre différens mets à Jules, qui lui répond : C'est vous, Baronne, qui ne prenez rien ? — Est-ce que je mange jamais, moi! J'ai l'estomac si faible, si peu complaisant. Avec cela j'ai mal dormi. Mes yeux sont abattus, n'est-ce pas? — Ils brillent au contraire d'un feu!... — Ah, oui?... Mais revenons. C'est donc pour cette jolie petite cousine que notre cœur s'est engagé, ainsi que vous me le disiez tout-à-l'heure en style romantique ? — Ah, Baronne, si vous la connaissiez ! La beauté, l'esprit, les talens; elle possède tout. — Je veux.... bien.... le croire. Elle est sans doute à Paris, cette personne si accomplie? —Non, Madame ; elle demeure chez mon père, à cent quarante lieues d'ici, en Provence. — Ah ah ! si loin que cela ? Mais l'amour rapproche les distances, n'est-ce pas ? Je vous approuve. C'est fort bien. Il faut aimer ; c'est le charme de la vie.

Le déjeûné fini, madame la baronne montra à Jules ses dessins, ses gravures. Elle prétendit savoir passablement dessiner ; et Jules lui fit mille complimens sur ce talent, qu'il possédait lui-même un peu. J'ai beaucoup de dessins de ma

façon, ajouta la baronne, à Saint-Brice, à ma campagne. C'est que ce pays-là offre des points-de-vue ! Oh, que vous vous plairiez à les retracer ! Venez donc un jour ?...
— J'y accompagnerai mon oncle avec bien du plaisir. — Ah, vous avez besoin d'un compagnon de voyage ? Voyez donc cet enfant, qui ne peut marcher seul ! — N'ayant, Baronne, l'avantage de vous connaître que par mon oncle, il serait indiscret à moi de.... — Eh non, Monsieur ; quand on a votre.... votre mérite, on n'est indiscret ni importun nulle part. Ah ! je le vois, Berny, peut-être craindriez-vous avec moi les dangers d'un tête-à tête ? — Mais, Madame, je crois.... que....

Jules était tout neuf sur ces

sortes de questions. La baronne sentit qu'il ne savait pas y répondre. Elle lui répliqua comme s'il venait de lui faire le plus beau compliment : Allons donc, fou, est-ce que l'on dit de ces choses-là.... Mais je voulais vous dire...... Qu'est-ce que je voulais donc vous dire ? Il m'a troublée, avec ses galanteries.... Ah, j'y suis. Je cherche par-tout un ami qui puisse me faire ma partie de trictrac. Savez-vous jouer au trictrac ? — Ma mère me l'a appris, et souvent avec elle.... — Ah, délicieux ! C'est que je raffolle de ce jeu-là. — Et moi aussi, Madame, je vous l'avouerai. — Eh bien, voyons, tout de suite ; un louis en six trous ? — Oh, Baronne, un louis !... — Je perdrai, d'abord ; car j'ai le dé le plus mal-

heureux ! — Mais, un louis !... je...
je ne l'ai pas sur moi. — Qu'est-ce
que cela me fait ? Si je le gagne,
vous me le devrez. Vîte, vîte, à table.

La baronne a déja jeté le dé.
Jules craint de la désobliger. Il joue,
et gagne la partie. La baronne demande sa revanche, elle la perd.
On joue six autres trous ; c'est encore Jules qui gagne. Pour cela,
s'écrie la baronne, il faut que j'aie
bien du malheur ! — Mais madame
fait des écoles à toute minute. —Ce
ne sont pas les écoles ; c'est le dé:
oh, j'ai des dés !

Le chevalier Perrot entre. Venez Perrot, lui dit la baronne ;
point de complimens, mettez-vous
là, et vengez-moi d'un vainqueur
qui vient de me gagner trois louis.

Jules objecte qu'il est tard. Il

veut se lever. Ah, Monsieur, lui répond la baronne en souriant, vous n'emporterez pas comme cela mon argent ?

Jules croit que le procédé serait peu délicat ; il propose de jouer les trois louis en une seule partie de six trous. Il la joue et la gagne. A présent, lui dit la baronne, vous êtes le maître d'aller rejoindre votre oncle. C'est étonnant, un pareil bonheur ! Mais nous ne vous en tenons pas quitte, il faut que vous reveniez nous restituer cela. C'est juste, n'est-il pas vrai ? Croyez que je ne vous en veux pas, mon cher enfant ; au contraire, je voudrais tous les jours recevoir une pareille leçon. Embrassez-moi, embrassez-moi donc ? Eh bien, il n'ose pas !... Bien. Vous direz à mon bon ami Adalbert, que, dans quelques jours, samedi, par exemple, j'irai lui demander sa soupe avec Perrot et Forville. — Madame connaît M. Forville ? — Beaucoup ! Qui connaît Adalbert connaît Forville ; ce sont les inséparables. — Mon oncle m'avait recommandé en effet de vous demander votre jour pour.... — Eh bien, samedi ; c'est décidé. Adieu, bon, aimable jeune homme. Puissiez-vous être heureux en toute affaire, comme vous l'êtes au jeu.

Jules se retire, enchanté de sa visite. Il n'est fâché que d'avoir gagné une somme aussi forte. Quelque chose lui dit en secret qu'il a eu tort de jouer ; et il ne sait s'il en parlera à M. de Faskilan. Il se rappelle sa promesse, ce-

pendant, et il lui confiera tout.
Jules n'y manque pas. Il raconte à Adalbert tout ce qu'il a fait et dit chez la baronne. Adalbert rit d'abord ; puis il fronce le sourcil sur le fait du jeu. Mon ami, lui dit-il, vous avez manqué à la délicatesse en jouant d'abord un louis que vous ne possédiez pas sur vous. Je ne puis vous blâmer du bonheur que vous avez eu d'en gagner six ; mais redoutez la passion du jeu, mon cher Jules ; elle devient funeste à celui qui s'y livre —Je ne l'ai pas, cette passion ; je ne l'eus jamais, vous le savez bien, mon oncle. Je me suis laissé entraîner là.... — A présent, vous ne pouvez pas faire autrement que de jouer de nouveau avec la baronne et Perrot, pour n'avoir pas d'argent à

eux ; mais, quand vous aurez perdu ces cent quarante-quatre livres, Jules, il faudra renoncer tout-à-fait au jeu, ou risquer si peu de chose qu'il ne soit plus pour vous qu'un amusement. La pension, dont je suis enfin convenu par lettres avec ton père, est plus que suffisante pour tout ce que tu peux désirer faire à Paris. Il me charge de te compter cent francs par mois pour tes menus plaisirs. — Cent francs, Monsieur ! —Tout autant, et en outre de la pension qu'il me paye. — Mais tout cela est bien fort, vu la fortune de mon père. Je lui écrirai que je borne mes vœux... — Ne t'avise pas de cela. Il désire que tu ignores que cela vienne de lui. J'ai trahi son secret, parce que je n'en ai pas pour toi. Tes menus plaisirs sont raisonnables sans doute ; mais si tu jouais, tu n'aurais jamais assez. Tu vois que je suis en garde contre tous les défauts que tu pourrais prendre, Jules ; si un jour, tu méprisais mes avis, ne vas pas m'accuser... — Moi, mon oncle ! ah, vous ni moi ne serons jamais dans ce cas-là... Mais j'oubliais ; madame la baronne vient dîner samedi avec monsieur le chevalier Perrot, et notre bon ami Forville. — Samedi ? c'est bien. N'est-ce pas qu'elle est aimable, la baronne ? — On ne peut pas plus aimable. Je lui ai parlé de mon amour pour mon adorable Aloyse. Elle a approuvé la candeur, l'innocence de cette inclination. — Ah ! elle... elle l'a approuvée. — Oui, mon oncle. D'abord elle en a plaisanté ; vous savez qu'elle rit de tout; elle est si gaie! — Oh! tu ne connais pas encore toute sa gaîté. Du reste, c'est une personne accomplie, bonne, sensible et obligeante!

Adalbert ne tarit pas sur les qualités de la baronne, il vit avec plaisir que son jeune ami était tout-à-fait sa dupe. Forville vint dîner, suivant sa promesse; et l'éloge de la baronne fut mis de nouveau sur le tapis.

Le lendemain, Adalbert aperçut Jules au jardin, qui lisait attentivement une lettre qu'il savait, par Faustin, lui avoir été remise, timbrée d'Orange. Adalbert s'approche de Jules; Jules serre précipitamment et en rougissant, sa lettre dans sa poche. Je te dérange, mon ami, lui dit l'hypocrite. — Non, mon oncle. — Je t'ai empêché de continuer ta lecture. — Mon oncle...

non... j'étais... — Oui, tu lisais une lettre, que tu viens de cacher à mon aspect. Il ne faut pas apparemment que je la voye ? Je me retire. — Cette lettre n'est pas... un mystère. — Cependant elle en est un pour moi, et c'est la première fois que tu agis ainsi envers un ami, un confident. Elle est peut-être de ta cousine, et tu ne veux pas que je pénètre trop le secret de votre amour ? — Non, elle n'est point d'Aloyse. C'est ma mère qui m'écrit, et qui... — Ah! sans doute elle te parle de moi ? — Oui ; mais... — Comment, mais ? — Mon oncle, souffrez que je vous cache cette lettre ; elle vous ferait quelque peine. — A moi ? eh non, Jules. Ta mère, ton père m'aiment, m'estiment. Oblige-moi de me montrer cette lettre. — Vous l'exigez. — Je n'exige jamais rien; je demande à mon ami. — La voilà.

Adalbert lit tout haut :

« Je ne suis pas sans inquiétudes ;
« cher Jules, depuis que tu es éloi-
« gné de moi, et il faut que je les
« verse dans ton sein. Des rapports
« qu'on nous a faits, lors de ton
« départ, sur M. Adalbert, me
« troublent à un point... Serait-il
« possible que cet homme fût tel
« qu'on nous l'a peint, faux, dissi-
« mulé, perfide ? Voilà ce que nous
« en a dit le respectable père Au-
« gely ; telle est l'opinion d'Asse-
« lino, de Prudence, de tout ce qui
« nous entoure. Tous ces gens-là y
« voient plus clair que nous appa-
« remment, ou bien ils ont des
« motifs pour juger ainsi ton oncle

« d'adoption, et ils nous les cèlent,
« je ne sais pourquoi. A les enten-
« dre, Adalbert n'a précipité ton
« départ que parce qu'il a redouté
« la présence du père Augely, qui
« pouvait nous dissuader de te
« confier à ses soins. Selon eux,
« Adalbert n'a désiré t'avoir auprès
« de lui que pour exécuter des pro-
« jets coupables, mais qu'on ignore.
« Il joue, ce sont encore eux qui
« parlent, il joue tous les sentimens
« et n'en a aucuns. Jusqu'à mon
« oncle Dabin qui... ah! il faut que
« je te raconte cela.

« Tu sais que ton oncle Dabin
« aime à clouer, à faire le menui-
« sier, le tapissier. Un lambris de
« menuiserie ayant voilé, il y a
« quelques jours, dans l'apparte-
« ment où Adalbert et Forville ont

« couché, mon oncle y monte, un
« marteau, un rabot et des clous à
« la main. Il rajuste cette boiserie ;
« mais il prétend avoir trouvé
« dans un coin un papier chiffonné
« qu'Adalbert aura sans doute laissé
« tomber de quelques tablettes, et
« qui a mis mon oncle dans une es-
« pèce de fureur contre Adalbert.
« Nous l'avons vu et lu. C'est un
« poulet, un billet galant écrit à
« M. de Faskilan par une certaine
« baronne Détestor, qui paraît lui
« être très-chère. Elle lui parle,
« entre autres choses, *d'une nuit*
« *délicieuse* qu'ils ont passée en-
« semble, et la dame a le ton et le
« style de la plus franche coquette !..
« Cela a fait que M. Dabin s'est
« rangé du côté des ennemis d'A-
« dalbert, et que tous les jours nous

« sommes étourdis, ton père et
« moi, des terreurs qu'éprouvent
« mon oncle, Asselino et Prudence
« elle-même qui s'en mêle, sur ce
« que peuvent devenir tes mœurs
« auprès d'un homme qui joue la
« vertu à ce point.

« C'est à l'insçu de ton père que
« je te donne tous ces détails; car
« il persiste toujours dans l'estime
« qu'il a vouée au fils adoptif du
« bon homme Evrard. Il prétend,
« malgré la suscription du billet
« qui porte bien *à monsieur Adal-*
« *bert,* etc., il prétend, dis-je, que
« ce billet ne dit rien, qu'on ne sait
« quand, comment, ni pourquoi il
« a été écrit; que peut-être cette
« liaison avec madame Détestor,
« date de la jeunesse d'Adalbert,
« et qu'il n'en est plus question de-

« puis long-tems ; qu'au surplus les
« mœurs d'Adalbert, quelles qu'elles
« soient, ne regardent point les
« tiennes à toi qui as du goût, du
« jugement, et qui dois savoir te
« conduire. Peut-être, ajoute-t-il
« encore, ce billet est-il supposé
« pour perdre Adalbert dans notre
« esprit; peut-être enfin n'existe-t-il
« nulle part une baronne Détestor,
« dont le nom, dit-il toujours, est
« aussi ridicule que son style.

« Cela le trouble ton père néan-
« moins, et moi je souffre bien da-
« vantage. Vois, mon fils, vois le
« père Augely ; cultive souvent cet
« excellent ami. Sois en garde contre
« les piéges qu'on pourrait te ten-
« dre, quoique ni toi, ni moi, ni
« personne, nous ne puissions en
« deviner le but; et réponds-moi

« franchement, sur-tout si tu con-
« nais dans la société d'Adalbert
« une madame la baronne Détestor.
« Ne me cache rien; ne sois pas
« dissimulé avec ta tendre mère,
« mon cher Jules; c'est pour ton
« bien que je te parle, que parlent
« aussi le père Augely, mon oncle
« Dabin, Asselino, Prudence, etc.
« Ah! si jamais tu te perds, Jules,
« ce ne sera pas faute d'avoir été
« bien averti... Mais tu as du sens,
« des principes, de la raison. Je ne
« redoute pour toi que ton inexpé-
« rience, et ce changement brus-
« que du séjour paisible de la cam-
« pagne, pour la vie bruyante et si
« dangereuse des grandes villes.

« Adieu, mon ami, je t'embrasse
« en bonne mère. Ta jolie Aloyse
« ne se porte pas bien depuis deux

« jours. C'est une légère indisposi-
« tion qui ne doit effrayer per-
« sonne. Adieu encore une fois,
« Jules. Je n'ai pas besoin de te
« recommander le secret sur cette
« lettre envers Adalbert. »

Aura Duverceil, *femme* Berny.

Adalbert avait lu cet écrit sans s'interrompre, sans se troubler, avec la tranquillité d'un homme qui n'a aucun reproche à se faire. Il savait se posséder. Quand il eut fini, Jules s'écria : Je n'avais pas lu jusqu'au bout la lettre de ma mère; si j'eusse vu qu'elle m'ordonnait le secret, certes, mon oncle, je ne vous l'aurais pas communiquée. Vous l'avez voulu, je m'en repens bien certainement à présent. — Viens, mon ami, viens à mon appartement; je veux répondre moi-même à cette lettre dans laquelle je vois qu'on m'a calomnié de la manière la plus grossière.

Adalbert emmène Jules, qui lui répond : Gardez-vous en bien, mon oncle, de répondre vous-même; ce serait avouer que je vous l'ai montrée ; et puisque j'ai eu cette imprudence, que ma mère l'ignore au moins.

Ils sont entrés dans le cabinet d'Adalbert. Adalbert fait asseoir Jules, se met près de lui devant un secrétaire, et lui prend la main : Jules, lui dit-il, as-tu confiance en moi ? — Vous n'en doutez pas, mon oncle; cependant... — Il n'y a dans tout cela qu'un fait que je dois t'expliquer ; c'est celui de *la nuit délicieuse* passée avec madame la baronne. Comme on empoisonne les meilleures actions!... et pourquoi, mon Dieu, me forcez-vous aujourd'hui à révéler le peu de bien que je puis faire! il le faut, et j'en aurai le courage. Je l'ai passée, cette *nuit délicieuse ;* mais non pas de la manière dont on l'entend. En deux mots, apprends qu'en reconduisant un soir la baronne... c'était dans l'hiver; ce quartier est désert; il n'y avait personne que nous dans la rue. « Au coin de l'Estrapade, un homme égaré, furieux, nous aborde : Six francs, nous crie-t-il; six francs; donnez-moi six francs... La baronne s'effraie; je la contiens. Malheureux, dis-je à l'inconnu, est-ce ainsi qu'on demande? —J'ai besoin, le plus grand besoin. Il me faut six francs, ou je suis capable de tout...

« Il tire deux pistolets dont il nous couche en joue. Je recule quelques pas en m'écriant : Monstre, auras-tu la barbarie de détruire ton semblable ! — Eh ! ils me laissent mourir de faim, mes semblables. Depuis deux jours, ma femme, mes pauvres enfans meurent, meurent là, sous mes yeux, d'inanition.... — Et tu veux les déshonorer en t'exposant au supplice le plus infâme ! — C'est vrai, oh c'est vrai ; je n'y avais pas pensé... monsieur, madame...

« Il se jette à nos genoux en serrant ses pistolets, et continue : Grace ! grace !.... Vous voyez le plus malheureux des époux, des pères !... Sans ouvrage, sans pain, pressé par mille créanciers, j'avais pris le parti.... affreux d'implorer la générosité du premier passant, ou de le tuer. L'un de mes pistolets l'eût atteint, l'autre m'eût servi à m'arracher la vie lorsque j'aurais eu porté sa dépouille à ma malheureuse famille.

« Il fond en larmes : donnez-moi ces pistolets, lui dis-je. — Les voilà.

« Il me les remet : j'ai maintenant plus que six francs à vous donner si vous les méritez, si vous ne m'en avez pas imposé. — Oh! non, non; Dieu m'est témoin.... — Où logez-vous ? — Ici, rue des Poules. — Marchez devant, nous vous suivons. — Oh, homme généreux !

« La baronne tremblait de tout son corps; je la rassurai; j'avais les armes de cet homme, dont je pouvais me servir au besoin. Nous montâmes dans un méchant galetas, où, à la lueur d'une faible lampe, nous vîmes en effet une femme et quatre enfans en très-bas âge, presque nus, criant, pleurant, mourant vraiment de faim. Le mari nous avait supplié de taire à sa famille l'acte de désespoir auquel il s'était porté. Il nous présenta comme des êtres bienfaisans, et nous fûmes soudain entourés de tous ces malheureux qui ne nous dirent qu'un seul mot, du pain! du pain!

« Je n'en avais pas, et l'argent ne fait pas vivre quand les boulangers sont fermés. J'envoyai l'aîné des garçons, avec un mot écrit au crayon, chez moi, pour me faire venir Faustin, qui parut bientôt. J'ordonnai à Faustin de retourner, d'apporter pain, mets, bouillon, tout ce qu'il trouverait. Il exécuta mes ordres, et tu juges du bonheur de cette famille indigente qui se mit à dévorer plutôt qu'à manger, sous nos yeux. Le père nous raconta ses malheurs ; il était victime de tous les événemens les plus douloureux. Ces infortunés nous comblèrent de bénédictions !... Nous attendîmes chez eux le jour, ne voulant pas nous exposer de nouveau au milieu de la nuit. Je leur laissai d'autres secours ; et depuis, j'ai pris d'eux les plus grands soins. Quel tableau, Jules, que celui que nous eûmes sous les yeux pendant toute cette nuit! Oui, on peut bien l'appeler *une nuit délicieuse !*

« La voilà, Jules, cette *nuit* dont me parlait la baronne dans une lettre que j'ai apparemment laissé tomber, chez ton père, de mon porte-feuille. Quant au style d'une prétendue coquette, tu juges bien que c'est la gaîté folle de la baronne qui a cette couleur aux yeux de tes sombres parens. Voilà l'explication que j'avais à cœur de te faire. Pour le reste, les soupçons, les calomnies dont on m'accable, tu me connais, tu sais me juger, je n'ai rien à dire là-dessus; c'est à toi d'y répondre. » — Oui, mon oncle, répond Jules exalté, oui, je vais répondre à ma mère, sur-le-champ, devant vous, et je vous soumettrai ma lettre. — Non, Jules, je ne veux pas la voir. Dieu m'est témoin que je ne prétends pas te gêner. Dis, écris franchement ce que tu penses sur mon compte, que je suis un tartuffe, un hypocrite, comme le dit ce radoteur de Mathurin ; que j'ai des projets sur toi (tu sais lesquels et dans quel but) ; que je ne mérite aucune confiance ; qu'enfin je suis un misérable, indigne de la confiance qu'on m'a témoignée. Ne cèle rien de tout cela à ta tendre mère, que je ne puis accuser de ses terreurs, ah ! bien légitimes ; l'amour maternel est si prompt à soupçonner.... Mais, pardon, tu écris; je te derange, et je sors.— Non, restez, restez, mon oncle... une nuit passée dans le doux exercice de la bienfaisance, la noircir à ce point ! Oh, c'est moi qui vais bien arranger dans cette lettre, aux yeux de ma mère, ce père Augely, Asselino qui, dès ma sortie du collége, m'a ennuyé de ses sermons, et cette longue, roide et sèche mademoiselle Prudence qui se mêle là de ce qui ne la regarde pas. — Ménage tes expressions, mon Jules; tes parens penseraient encore que je te donne de mauvais conseils sur le compte des personnes qu'ils regardent comme leurs amis.

Jules écrivit une lettre longue, respectueuse, mais dans laquelle, en justifiant Adalbert, en retraçant le prétendu acte de bienfaisance qu'il venait d'improviser, il faisait mille éloges de cet homme qu'il regardait, aimait comme un second père. Jules n'oublia pas d'insister, pour que sa cousine Aloyse lui envoyât son portrait, qu'il lui avait déjà demandé, et sur lequel elle ne s'était pas expliquée dans ses réponses.

Malgré la prétendue résistance

d'Adalbert, Jules lui lut sa lettre. Adalbert vit avec plaisir que son jeune ami n'y avait pas ménagé Asselino, ni sur-tout le père Augely, qu'il regardait comme son ennemi le plus acharné.

Le paquet fut mis à la poste par Faustin, et Adalbert, pour désennuyer son élève, l'emmena à la comédie française, où l'on donnait *Phèdre* et *Nanine*. Il etait charmé que Jules vît, dans ces deux pièces, les funestes effets de la calomnie.

IX.

O changement inoui, douloureux, qui en amènera peut-être bien d'autres, et qui fut l'effet de la mauvaise compagnie dans laquelle un corrupteur l'avait lancé !

La baronne Détestor vint dîner le samedi, ainsi qu'elle l'avait promis. Le repas, composé de cette femme, de Forville, du chevalier Perrot et de nos deux amis, fut d'une gaîté qui alla bientôt jusqu'à la licence. Adalbert feignait de tems en tems de prêcher morale, décence. On le traita de philosophe, de Caton, d'ours même ; et il finit par sourire en haussant les épaules, comme en disant : Les bons fous que voilà. Jules avalait goutte à goutte ce poison corrupteur, et faisait lui-même des plaisanteries qui excitaient des éclats de rire inextinguibles. Ah çà, dit la baronne, nous allons ce soir, Perrot et moi, au bal chez la présidente d'Ailly ; il faut que vous y veniez, Adalbert, ou qu'au moins vous nous confiez votre charmant Berny.—Moi, répond Adalbert, aller au bal! Il y a plus de vingt ans que cela ne m'est arrivé. — C'est possible ; mais cela vous arrivera aujourd'hui, par complaisance pour vos amis, pour Jules principalement, qui, à son âge, ne doit pas être enfermé comme un anachorète dans un hermitage. — Jules est libre d'y aller, s'il veut me désobliger ; car il sait que je lui interdis ces plaisirs bruyans, aussi nuisibles souvent à la santé qu'aux mœurs. — Bon, voilà les mœurs ! Perrot, Forville et moi, nous sommes sans mœurs apparemment, puisque nous allons souvent au bal, au spectacle, aux.... — Le spectacle, volontiers ; mais ces bals !... — Eh bien, ces bals ?.... — Non, je n'irai pas. — Qui vous force d'y aller ? Laissez-nous Jules seulement ? — Ah, laissez-nous Jules ? (*Il sourit.*) Je crois que Jules ne vous déplaît pas, baronne, et que si je n'y prenais garde.... — Taisez-vous, badin.

La baronne s'efforce de rougir ; elle cache sa figure de son éventail ; et Jules, dont cette légère épigramme a réveillé l'amour-propre, se sent comme frappé d'un trait de lumière.... La baronne l'aimerait!... Oh, Jules est tout entier à son Aloyse ; il ne partagerait jamais une passion qui le rendrait inconstant.... Cependant Jules est flatté d'avoir inspiré un pareil sentiment à une femme aussi aimable que madame Détestor. A propos, réplique celle-ci qui feint de vouloir rompre une conversation embarrassante, à propos, Adalbert, j'ai mille actions de grace à vous rendre de la part de ces bonnes gens ; vous savez bien, ces infortunés qui nous ont fait passer à vous et à moi une si belle nuit blanche ? Je les ai vus ce matin. Comment, vous leur envoyez toujours leur petit pot-au-feu, du pain, que sais-je ! Ah, comme le mari est honteux de l'acte de violence auquel il s'était porté ! Comme la femme, les quatre enfans vous bénissent ! Adalbert, je vous pardonne votre misanthropie en faveur d'un cœur si généreux, si parfait !

Le lecteur voit que la baronne avait été prévenue par Adalbert d'appuyer son mensonge. Adalbert, qui l'avait laissé parler, attendit pour la faire taire qu'elle eût terminé son éloge. Ah, baronne, dit-il, quelle indiscrétion ! Voulez-vous bien garder le silence sur des actions aussi simples ! Eh, ne faut-il pas secourir son semblable ! (*Il sourit.*) Heureusement que vous ne connaissez pas tous les malheureux que j'ai le bonheur de soulager ; vous en trahiriez encore le secret, que je veux, que je dois garder.

Un homme plus fin que Jules, aurait deviné l'accord de ces deux perfides ; il aurait remarqué l'affectation que mettait Adalbert à citer *d'autres malheureux qu'il soulageait.* Jules ne vit dans tout cela que la confirmation du récit que lui avait fait son oncle : il l'en admira davantage, ainsi que la baronne. Elle reprit la parole. Revenons, dit-elle, à notre bal. Jules meurt d'envie d'y aller ; je vois cela dans ses yeux.

Elle voyait mal ; car Jules pensait à toute autre chose. Adalbert se retourna vers Jules, à qui il dit : Vrai, mon neveu, tu désirerais aller à ce bal. Je serais fâché que tu me regardasses comme un Mentor ennuyeux, un tyran même. Tu iras à ce bal ; je t'y accompagnerai ; oui , je vaincrai ma répugnance, heureux de pouvoir faire pour toi ce léger sacrifice. — Pourquoi vous gêner, mon oncle , au point.... — Oh, je ne t'y laisserais pas aller seul. N'ai-je pas promis de veiller sur tes moindres démarches? je tiendrai ma parole.

Jules n'avait jamais vu ce que c'était qu'un bal. Il se fit un plaisir de connaître enfin ce genre d'amusement. Sur le soir donc, nos cinq amis montèrent en voiture, et se rendirent chez la présidente d'Ailly.

La présidente d'Ailly était la femme la plus diffamée de Paris ; c'est dire assez quel genre de réunion elle pouvait avoir chez elle. Ce fut là qu'on montra à Jules pour la première fois la petite Agathe, cette fille si expérimentée dont

Forville a parlé à Adalbert, ainsi qu'on l'a vu plus haut. Mais on ne la lui montra qu'en passant, comme une orpheline, fille d'une des meilleures amies de madame Détestor.

Cette Agathe était fort jolie; et, par un hasard singulier, elle avait beaucoup de ressemblance dans les traits avec Aloyse Duverceil. Cette ressemblance frappa d'abord Jules, qui en éprouva une espèce d'éblouissement. Ciel ! s'écria-t-il, j'ai cru voir Aloyse. — Aloyse, dit Adalbert ! — Mais regardez donc, mon oncle, comme mademoiselle lui ressemble ! — En effet; c'est tout son portrait; et, si je ne parlais pas à un amant qui doit trouver sa belle la plus parfaite de toutes les femmes, je trouverais à mademoiselle, une figure encore plus régulière que celle d'Aloyse, plus de douceur, quelque chose de plus attrayant.... — Oh, mon oncle, Aloyse est bien plus...

Jules se tut; il sentit qu'il allait établir une comparaison injurieuse pour mademoiselle Agathe. Il la regarda beaucoup, long-tems, toujours enfin; il dansa avec elle, et ce couple fut entouré, applaudi, comme offrant les deux meilleurs danseurs de Paris. A minuit la tante d'Agathe voulut se retirer; elles montèrent toutes deux en voiture, et il sembla à Jules qu'il éprouvait un vide dont il ne pouvait se rendre compte. On l'occupa, on le dissipa. Il dansa de nouveau, sans se douter qu'il était là entouré des plus viles courtisanes; et enfin au petit jour, Adalbert l'emmèna accablé de fatigues, énivré d'éloges, étourdi de tout ce qu'il avait vu et entendu.

Notre jeune homme dormit jusqu'à midi. Peu habitué à ce genre d'exercice, il en eut, pendant trois jours une courbature violente, qui n'eut pas de suite.

Jules pensait continuellement à cette demoiselle Agathe qui ressemblait si bien à son Aloyse. Adalbert ne manqua pas de lui en parler souvent, et de la louer comme un modèle de sagesse autant que de beauté. Jules apprit d'Adalbert qu'ayant perdu son père et sa mère, autrefois banquiers fort riches, mais ruinés par des malheurs, Agathe était sous la tutelle d'une tante respectable qui l'élevait dans les meilleurs principes, et que toutes deux habitaient Saint-Brice, ce même village où la baronne avait sa maison de campagne. Jules aimait toujours Aloyse; mais il aurait désiré être lié dans la maison de la tante d'Agathe, pour tromper l'Amour, en voyant souvent un objet qui lui retraçait sa cousine.

Comme il perdait son tems, ce pauvre Jules! Toujours invité chez Forville, chez Perrot, et sur-tout chez la baronne à laquelle il s'attachait de plus en plus, il ne suivait que de loin en loin les écoles de droit; il travaillait peu chez lui, et souvent il se reprochait sa paresse, ainsi que l'excès de la dissipation à laquelle il se livrait.

Le bon père Augely, ne le voyant pas revenir, s'était présenté plusieurs fois chez Adalbert pour lui parler; mais on se doute bien que Faustin était là pour dire sans cesse au religieux que ses maîtres étaient sortis. Le père Augely, en écrivant à M. Berny, lui avait détaillé son entrevue avec son fils, et l'inutilité des démarches qu'il avait faites depuis pour le voir. Madame Berny n'était pas tranquille; mais son mari, séduit par les lettres hypocrites qu'il recevait souvent d'Adalbert, par les éloges que Jules lui faisait de ce méchant homme, M. Berny traitait de chimères les terreurs de sa femme, de ses amis, et n'en persistait pas moins dans la confiance qu'il avait vouée au fils adoptif de M. Evrard.

Jules, entraîné par le tourbillon des plaisirs, commençait à dissimuler avec ses parens. Il se gardait bien de convenir qu'il ne faisait rien ; au contraire, il leur vantait son exactitude au travail, les connaissances qu'il acquérait tous les jours en jurisprudence. Eh puis toujours, continuellement l'éloge d'Adalbert.... C'est ainsi qu'on aime ceux qui flattent nos passions, même quand ils ont l'air de nous en blâmer.

Son père lui avait cependant ordonné expressément d'aller voir, de cultiver le père Augely ; eh bien Jules poussait l'esprit d'insubordination jusqu'à désobéir à son père. Jules n'avait jamais connu le mensonge ; il écrivait à M. Berny qu'il s'était présenté chez le bon religieux sans avoir eu le bonheur de le trouver ; et Jules n'en avait rien fait ! O changement inouï, douloureux, qui en amènera peut-être bien d'autres, et qui fut l'effet de la mauvaise compagnie dans laquelle un corrupteur l'avait lancé!

Aloyse avait envoyé, avec la permission de sa tante, son portrait à Jules ainsi qu'il le lui avait demandé; mais ce portrait, qui était enfermé dans une boîte d'emballage avec d'autres petits objets utiles à Jules, Adalbert l'avait soustrait. Il s'était bien gardé de remettre à son élève l'image d'une personne qu'il aimait, et dont il voulait l'éloigner. Jules, piqué de ne pas recevoir un cadeau qu'il regardait comme très-innocent, avait juré de ne plus répéter sa demande, indiscrète apparemment, auprès d'une jeune personne qui ne l'aimait peut-être plus autant qu'autrefois ; et Adalbert fortifiait par ses conseils cette résolution de Jules. Ainsi Jules se refroidissait insensiblement pour son amante, comme pour les amis de son père. Il n'y avait qu'Adalbert qui possédât son affection, et, malgré cette association du vice avec l'innocence, ces deux amis ne pouvaient plus se quitter. L'idée d'une séparation de quelques jours seulement etait capable de beaucoup affliger Jules. C'est ce qu'il éprouva, un jour que la baronne vint prendre congé d'Adalbert et de lui.

Nous nous sommes quittés fort tard hier, mon cher enfant, dit-elle à Jules, et j'ignorais n'avoir plus que ce jour à passer près d'aussi bons amis. Mon jardinier, en apportant, ce matin, chez moi, la provision accoutumée, m'a fait souvenir que c'était après-demain dimanche la fête du village ; oui, c'est la fête de Saint-Brice, le 10 juillet. Toute la bourgeoisie s'y réunit. Vous sentez bien que je ne puis me dispenser d'y être. Que diraient mesdames d'Ailly, Drécourt, de St.-Prelle, madame Dervisse enfin, ma meilleure amie, et sa toute belle nièce Agathe ! Ah, il faut que j'y sois, il faut que j'y sois. Ainsi, je pars demain matin, et je viens, mon cher Adalbert, vous demander une faveur. — Laquelle, belle dame ? — C'est de me prêter votre neveu pour trois à quatre jours. L'expression vous fait rire ! elle est juste. Vous l'avez assez, ce cher enfant ; quand vous feriez jouir un peu vos amis de sa société, cela ne serait pas mal du tout. — Mais badinez-vous, aimable folle ? — Je ne plaisante point. Forville n'a pas le tems. Perrot est en voyage. Je suis seule, on ne peut pas plus seule. Il me faut un cavalier; j'ai jeté les yeux sur Jules, et je veux qu'il me donne la main dans les cercles que cette fête rassemble chaque année dans mon village. — Je ris encore de votre mot *prêter*.... Elle a un esprit d'ange, cette femme-là, n'est-ce pas, Jules ?

Jules répond : Il est vrai que madame donne un tour si piquant à tout ce qu'elle dit ! — Tu le penses comme moi. Mais voyons tes yeux, Jules. Ah, monsieur mon neveu, je vois dans ces yeux-là que vous brûlez d'aller passer trois à quatre jours auprès de la baronne. Je ne sais cependant si je dois permettre...— Comment vous ne savez, interrompt la baronne...Eh bien, continuez. Le refus serait honnête ! — Eh, mais, belle dame, vous êtes dangereuse, et mon jeune homme a un cœur, des yeux !... —Voilà bien la folie la plus complète ! je serais sa mère. J'entends la plaisanterie, Adalbert ; mais ce persifflage passe la permission. — Je badine, baronne, ne vous fâchez pas. Votre vertu s'alarme bien vîte... mais il y a là une demoiselle Agathe, qui est jolie, jolie ! et mon neveu m'en parle souvent. —Parce qu'elle ressemble à sa cousine, voilà tout. D'ailleurs, Agathe est un ange pour la retenue, la décence. Cela ne fait jamais un pas sans sa tante, madame Dervisse, qui est bien la plus respectable des femmes. Ah çà, vous savez que j'expédie promptement les affaires; Jules m'accompagnera demain, n'est-ce pas ? la voiture vient me prendre à midi ; qu'il soit chez moi à dix heures, nous déjeûnerons avant. — Je vois bien que madame a décidé tout cela ; mais c'est encore faire perdre du tems à Jules, qui ne travaille déjà pas beaucoup ; car c'est un reproche que je lui ferai quelque jour très - sérieusement. — Bah, bah ! il en saura toujours assez pour bien dire : *Paix là, messieurs; silence, messieurs.* — Bon, vous en faites là tout de suite un huissier audiencier. — Eh bien, huissier, avocat, procureur, que sais-je, moi, est-ce que ce n'est pas la même chose? tous ces gens-là ne sont-ils pas des pilliers du palais ? — Vraiment, les femmes connaissent bien la différence des fonctions au barreau ! — Je n'ai pas encore eu de procès, et j'espère que je n'en aurai jamais. Mais revenons à nos moutons. Jules est mon chevalier, c'est décidé ? — Je sais bien qu'il vous estime, qu'il serait désolé de manquer l'occasion de voir mademoiselle Agathe ; mais j'ai des affaires qui me retiennent à Paris, je ne puis me déplacer quatre jours de suite pour l'accompagner. — Qui vous a dit qu'on eût besoin de vous ? — L'objection est polie. — Sincère. — Je la prends... — Comme une plaisanterie. Venez si vous le pouvez, mon ami. Cependant... — Vous avez raison. Je jouerais le rôle le plus ridicule du monde, si j'étais sans cesse comme son ombre à ses côtés. Il est raisonnable, incapable de trahir ma confiance. Qu'il aille se distraire à Saint-Brice de l'étude de la chicane...je choisirai le tems de son absence, moi, pour faire mon bon jour. — Votre bon ?... — Vous ne savez pas ce que je veux dire, c'est égal. J'aime à rire, à m'amuser quelquefois dans votre agréable société, mes amis; mais j'ai une ame à sauver; et ma complaisance à céder quelquefois aux distractions du monde ne doit pas me faire oublier l'ouvrage de mon salut.—Volontiers, faites votre bon jour, mon ami. J'espère que, de notre côté, nous en aurons plus d'un là-bas. A demain, Jules ; à dix heures, soyez prêt?

Le lecteur doit voir que jusqu'à présent Jules se laisse mener, plutôt qu'il ne se livre à ses propres desirs. Bien dirigé, il eût cédé aux actions honnêtes avec la même facilité qu'il apporte à se livrer à la séduction. Ici cependant Jules n'est pas fâché de la partie de campagne qu'on lui propose ; et cela, dans l'espoir de revoir Agathe ou Aloyse ; car c'est sa cousine qu'il s'imagine contempler dans les traits de la nièce de madame Dervisse. C'est ainsi que par sa faiblesse et ses illusions, il va bientôt tomber dans le piége le plus grossier.

Adalbert feint, toute la journée, d'avoir quelque humeur contre lui, Il lui reproche même, faiblement à la vérité, de le quitter, de se livrer à la société. presque sans son aveu. Il paraît avoir des craintes sur ses principes, sur l'abus qu'un jeune homme de son âge peut faire de sa liberté. Il joue en un mot le rôle d'un véritable Mentor. Jules, quoiqu'un peu affecté d'une séparation, fort courte il est vrai, le rassure, l'embrasse avec effusion, et le remercie de la surveillance qu'il veut bien exercer sur lui. Adalbert se radoucit, lui donne des conseils sur sa manière de se conduire, et termine un sermon un peu froid, en lui disant : Tu le vois, Jules, et j'espère que tu me rendras toujours la même justice, ton père n'aurait peut-être pas ma sévérité pour toi. Si jamais tu deviens vicieux, ce ne sera pas ma faute ; mon Dieu ! vous êtes témoin que ce ne sera pas ma faute !...

Jules est pénétré. Une larme d'attendrissement coule de ses yeux. Il répète à son oncle d'adoption la promesse qu'il lui a faite plusieurs fois de ne s'écarter en aucun tems du sentier de l'honneur, et il entre faire, chez lui, ses préparatifs pour son petit voyage du lendemain.

X.

Que n'ai-je pu tirer le rideau sur cette faute grave, ou du moins l'adoucir à vos yeux !.... Mais sera-t-elle la dernière que nous aurons à reprocher à Jules!

JULES arrive à l'heure convenue chez madame la baronne Détestor. Il déjeûne avec cette dame, qui l'entretient de toutes les folies qui lui passent par la tête. A deux heures on monte en voiture, et à trois on arrive à Saint-Brice. Jules éprouve une certaine satisfaction d'être son maître, le chevalier d'une femme aimable, qui l'accable de complimens, de prévenances et de petits soins. Il se croit un homme d'importance, et cherche à prendre le ton leste, léger, sémillant, qu'il voit continuellement réussir à Forville ainsi qu'au chevalier Perrot. La baronne l'encourage à *brillanter*, c'est son expression, ce jargon qui distingue les gens à la mode de ces pédans qui pâlissent sur les livres. Elle entend qu'il fasse tourner la tête à toutes les femmes, et que les hommes en crèvent de dépit. Elle veut lever tous ses scrupules, ajoute-t-elle, et entreprendre enfin son éducation d'homme accompli. Lorsqu'elle craint de trop frapper le jeune homme, de trop l'éclairer sur le relâchement d'une pareille morale, elle l'entremêle de ces mots : Ah çà, je ris au moins.... ceci est une plaisanterie.... Que je suis folle aujourd'hui !... Mais qu'on me dise où je vais chercher toutes ces extravagances !

Ce ne sont point des extravagances, répond Jules ; et je sens que je brûle de profiter de vos avis, aimable baronne. En effet, qu'est-ce que la science, sans le talent de la faire aimer ? Et ne peut-on pas être un homme du monde en même tems qu'un homme de mérite ? Ce n'est pas pour moi que je dis cela ; je ne suis ni l'un ni l'autre ; et en vous écoutant, baronne, je sens que je ne pourrai jamais être que le plus humble de vos admirateurs. — Voilà une phrase un peu alambiquée : il ne faut jamais admirer les femmes, mon cher enfant. Nous préférons qu'on nous aime ; entendez-vous ?... Mais, à mon tour, je vais dire comme vous : Ce n'est pas pour moi que je parle. Je ne puis inspirer que de l'amitié, moi, tout bonnement, de cette franche amitié, qui fait qu'on se dit tout ce qu'on a sur le cœur. — Ah, baronne, ce genre d'amitié que vous prétendez inspirer, pourrait désirer le même but que l'amour. — Ah, bien, voilà une déclaration..... Mais réservez-la pour mademoiselle Agathe Dervisse. A la bonne heure ; cela est jeune, cela est plus fait pour vous ; et, comme dit la chanson :

La jeunesse aime la jeunesse...

Elle avait une furieuse manie de chanter, madame Détestor ! A tout moment elle lardait comme cela de refrains d'opéra sa licencieuse conversation.

Celle-ci les conduisit à Saint-Brice, où ils descendirent dans une fort jolie maison de campagne. Nous voilà chez nous, dit la baronne ; car ce qui est à nous est à nos amis. J'ai envoyé ici d'avance ma femme-de-chambre. Je vais la sonner pour qu'elle vienne me déshabiller ; il fait une chaleur !... Vous, pendant ce tems, mon cher enfant, faites un tour au jardin. Il est assez joli, mon jardin ; trois arpens, des bosquets, un petit bois. Allez, sortez, jeune homme ; que je commence à me dégarnir de quelque chose ; j'étouffais dans cette voiture.

Jules va au jardin, qu'il trouve

en effet fort agréable. Une heure s'écoule ; il voit arriver à lui madame Détestor, dans le négligé le plus galant. On se promène, on cause, on parle d'amour, de liaisons d'enfance, de celles qu'on peut former dans un autre âge ; on s'attendrit....

Le jardinier annonce une visite : c'est celle de madame Dervisse avec sa nièce Agathe. La baronne est désolée d'avoir quitté ses ajustemens. Elle reçoit néanmoins la tante et la nièce, qui restent à-peu-près une demi-heure. La nièce a dit peu de mots, la tante a parlé continuellement. Elle a rappelé le bal de la présidente, fait mille et mille complimens à Jules sur ses talens, ses grâces même. Jules, un peu confus de tant d'éloges, a demandé à Agathe si elle met autant d'exagération dans ses jugemens. Agathe a répondu gauchement, avec timidité, un : *Je ne me permets pas de juger, Monsieur !* On a enfin médit, selon l'usage, de quelques bourgeoises du pays ; puis l'on s'est levé, embrassé, séparé, et la baronne, ainsi que Jules, sont retournés au jardin pour y reprendre leur entretien sur l'amour, que la visite des deux dames avait interrompu.

Au bout de quelque tems, la baronne s'écrie : Eh mais, voilà six heures qui sonnent, je crois ; dans tout cela nous n'avons pas pensé à dîner. — A dîner, baronne, après le déjeûner de ce matin ! — Mais j'ai faim, moi. Approuvez-vous mon idée ? Il fait un tems superbe ; vous aimez ce bois sombre, touffu, où nous voilà assis là ensemble comme une paire d'amans. Si nous nous y faisions apporter une volaille froide que j'ai fait mettre dans la voiture, avec quelques autres bribes, du vin, enfin ce qu'il nous faut ? — Ordonnez, baronne. — J'y vais ; attendez-moi là.

Pendant la courte absence de la baronne, Jules réfléchit, et ne peut s'arrêter à la foule d'idées qui se présentent à son esprit. L'amour qu'il ressent pour son Aloyse, s'est réveillé à la vue d'Agathe ; ou plutôt Agathe a fait sur lui une impression si forte, que son sang brûle, que sa tête n'est plus à lui. Le lieu charmant où il est, les femmes dont il a été entouré, les complimens qu'on lui a faits, les jolis traits d'Agathe, ceux d'Aloyse; la belle figure de la baronne, tout cela le plonge dans un trouble dont il ne sort qu'au retour de madame Détestor, qui est suivie du jardinier chargé d'un panier. Le couvert est mis sur une nappe de verdure. On n'a rien oublié, tout y est jusqu'à des vins fins, des liqueurs; et madame congédie le jardinier, en lui ordonnant de veiller à la maison pour que personne, qui que ce fût, ne vînt interrompre son charmant tête-à-tête.

Je pourrais ici imiter ces écrivains dangereux qui ne plaisent à une certaine classe de lecteurs que parce qu'ils ne savent tracer que des tableaux cyniques, graveleux, immoraux. Je pourrais détailler la conversation animée de madame la baronne avec Jules; son adresse à échauffer l'imagination du jeune homme; son zèle à lui servir des vins capiteux, des liqueurs ; ses cris contre l'extrême chaleur, ce qui la force à montrer un bras, un cou d'albâtre. Les jeunes gens qui me liraient partageraient une partie des émotions de mes personnages ; cela serait charmant; on vanterait mon livre, on se l'arracherait pour cette seule peinture, quelque repoussante qu'elle fût aux yeux des honnêtes gens... Loin de moi ces ressources, de l'esprit si l'on veut, mais nuisibles au cœur, contraires aux lois de la morale publique ! Je connais le goût de la classe estimable des personnes qui me lisent, et je travaillerai toujours pour elle comme je l'ai fait jusqu'à présent. Je me contenterai donc de lui dire : Jules fut coupable à la fin de ce funeste repas. Il fut parjure au serment de fidélité, de constance, de sagesse enfin qu'il avait fait à son Aloyse, à son père, à Adalbert lui-même.... Lecteurs qui aviez la bonté de vous intéresser à lui ! que n'ai-je pu tirer le rideau sur cette faute grave, ou du moins l'adoucir à vos yeux.... mais sera-t-elle la dernière que nous aurons à reprocher à Jules! Sentira-t-il comment il y a été amené par degrés? saura-t-il enfin apprécier la perfidie de l'homme affreux qui l'a poussé dans ce piége, et de la femme corrompue qui en a profité, malgré la différence des âges !... Mais il est une vérité ; c'est qu'il existe peu d'hommes qui ne se soient laissé arracher le premier tribut de l'amour par des femmes comme la Détestor, qui auraient été leurs mères !... Poursuivons.

La faute faite, Jules en sentit l'énormité, les conséquences, et il frémit. La Détestor, le voyant plongé dans ses réflexions, s'empressa de le distraire ; ce ne fut que lorsque Jules se trouva seul, dans le silence de la nuit, qu'il put faire à loisir un triste retour sur lui-même. Qu'ai-je fait, se dit-il ; parjure envers Aloyse, à qui j'avais promis constance et fidélité ; j'ai oublié les sages conseils de mon père, j'ai trompé la confiance de mon oncle! De quel front vais-je aborder maintenant cet Adalbert, si sévère sur les principes, et qui ne m'a permis de m'éloigner un moment de lui que dans la ferme persuasion que je n'abuserais en rien de cette liberté si honorable pour moi. Puis-je tenir maintenant la promesse que je lui ai faite de le prendre pour confident de mes pensées, de mes actions ! Oh ciel ! que penserait-il de moi, s'il pouvait deviner seulement que je me fusse oublié à ce point ! Déshonorer une femme qu'il estimait, trahir mon Aloyse, mépriser les avis de mes parens, voilà, voilà ce que j'ai fait. O Jules ! comment cacheras-tu la rougeur qui doit désormais couvrir ton front, chaque fois que tu aborderas ton père, ton oncle !.... et Aloyse !.... Où est-il ce serment que je t'avais fait ? que tu m'avais répété ?.... Tu le gardes, toi, tu l'observes, et moi, moi!...

Un torrent de larmes coulait des yeux de ce jeune homme, qui s'accusait sans se douter qu'il n'était que la victime de la plus odieuse séduction. Il sentit qu'il lui fallait maintenant employer la dissimulation, le mensonge; et il fut longtems à supporter l'idée d'un pareil changement. Le jour le surprit dans ces réflexions, et la baronne ne tarda pas à venir finir son ouvrage, en glissant adroitement dans son cœur la morale la plus relâchée. Elle triompha de nouveau de tous ses scrupules, et le jeune homme couvrit sa première faute de tant d'autres qu'il ne pensa plus qu'au bonheur que lui faisait goûter une pareille liaison.

Le ciel, qui prenait encore pitié

de lui, voulut lui faire découvrir la trahison dans la même journée, et si Jules manqua l'occasion de s'éclairer, il ne put encore s'en prendre qu'à lui.

La baronne, enchantée de son triomphe, crut ne devoir pas perdre un moment pour en faire part à son complice. En conséquence, retirée chez elle, elle écrivit ce peu de mots à M. Adalbert :

« J'ai enfin des remercîmens à
« te faire. On ne peut pas mieux
« servir ses amis... tout est con-
« sommé... tu m'entends ? Ce fut
« hier, dans mon petit bois, à la
« suite d'un dîner ordonné par moi
« en conséquence, que Jules con-
« nut, pour la première fois, l'a-
« mour et ses plaisirs. Le pauvre
« garçon en est resté si honteux!...

« mais je saurai l'aguérir. Tu vois
« que je te seconde à merveille !...
« Tu souris, fripon ? tu as l'air de
« me dire que j'en suis bien ré-
« compensée... c'est vrai !... ainsi le
« premier pas est fait; notre dupe
« est à nous. Il n'y a pas de raison
« pour qu'il ne tombe maintenant
« dans tous les piéges que nous
« lui tendrons. Mais, un moment;
« je ne le cède pas encore comme
« cela, tout de suite, à cette petite
« Agathe. J'attendrai que mon pa-
« pillon quitte le lys pour la rose,
« et alors je ferai un beau tapage !
« Compte sur moi pour lui faire
« une peur !... tu m'as donné mes
« instructions, je les suivrai, quoi-
« que j'ignore ton but et tes motifs.
« Quels qu'ils soient, je me suis
« obligée en t'obligeant, et, si Jules

« ne devient pas le plus mauvais
« petit sujet, ce ne sera ni ta faute,
« ni la mienne.

« Qu'il était comique, ce matin !
« Brusque, humoriste envers moi,
« je voyais qu'il avait mal dormi,
« que ses grands yeux bleus avaient
« versé des larmes !.... Monsieur
« éprouvait des remords. Cela n'était
« pas très-obligeant pour moi. Peu
« s'en est fallu que je ne lui fisse
« une scène. Mais j'ai feint de ne
« pas me douter de ce repentir
« outrageant. Je lui ai fait un ser-
« mon à ma façon. Je lui ai bien
« persuadé qu'un joli garçon, qui
« resterait, jusqu'à son mariage,
« aussi sage qu'une demoiselle, se-
« rait l'être le plus ridicule du
« monde; que tous les jeunes gens
« aimables avaient une connais-

« sance, sans que cela pût porter
« atteinte à la fidélité qu'ils avaient
« promise aux personnes qu'on leur
« destinait pour épouses. Je l'ai
« enfin mis à son aise sur tous les
« points, et mon cher coupable a
« fini par accumuler ses torts.... Je
« ris en vérité de cette peronnelle
« d'Aloyse, qui croit que nous gar-
« derons pour elle dans Paris, nous !
« le plus joli homme de la nature !
« En vérité ces petites provinciales
« ont un amour-propre ! Quand
« j'en aurai assez, du cher Jules,
« je le passerai à Agathe, et de là,
« ma foi, il deviendra ce qu'il
« pourra; ce sera ton affaire. Ecris-
« lui, comme nous en sommes
« convenus, et compte toujours
« sur moi.

« Adieu, mon ancien, mais tou-

« jours bon ami. Tout cela ne m'em-
« pêche pas de t'aimer à la fureur.

« Brigitte Barbe Salanville,
veuve Détestor ».

L'infernale baronne ploie cette lettre, et, toute occupée de son nouvel amant, elle écrit sur l'adresse : *A monsieur, monsieur* Jules Berny, *rue des Postes, n.° 20, à Paris.*

Elle sonne sa femme-de-chambre ; elle lui ordonne de faire porter, par un exprès et sur-le-champ, cette lettre à Paris chez M. de Faskilan.

Les femmes comme la baronne sont toujours mal servies. La femme-de-chambre remet la lettre au fils du jardinier, petit garçon simple, niais, qui, au lieu de partir à l'instant pour Paris, va jouer avec les enfans du village. Il égare sa lettre. Elle tombe entre les mains de son père. Le jardinier de la baronne, tout en grondant son fils, lit sur la suscription le nom de Jules Berny. Il sait que c'est ainsi qu'on appelle le jeune homme qui est chez sa maîtresse; il rentre à la maison, et cherche par-tout notre Jules. Il le trouve assis sur un banc de gazon dans le jardin, et plongé dans ses réflexions. Monsieur, lui dit-il, voilà une lettre qui vous était apparemment adressée à Paris, et que l'on vient d'apporter.

Jules la prend et frémit en pensant qu'elle est peut-être d'Adalbert, de son père, ou d'Aloyse. L'idée qu'il a trompé la confiance de tous ceux qui l'aimaient, l'humilie, l'anéantit; il pose la lettre toute cachetée sur le banc à côté de lui, et se livre de nouveau au torrent de ses pensées. La baronne qui, heureusement pour elle, le suit par-tout, arrive : elle lui parle, elle le distrait; puis, apercevant la lettre qu'elle ne reconnaît pas d'abord, elle lui dit : Est-ce à vous qu'on écrit, Jules, déjà?— Oui, on vient de m'apporter.... vous permettez que je lise...

Il décachète le papier; la baronne reconnaît son écriture. Effrayée, elle lui arrache la lettre en rougissant jusqu'aux yeux. Que faites-vous, baronne, lui demande Jules étonné?— Rien... c'est que.. c'est que je ne comprends pas... cette lettre est de moi... je l'envoyais à votre oncle... Etourdie que je suis ! j'ai mis là-dessus votre nom au lieu de celui d'Adalbert. Mais elle est bien de moi. A l'adresse seulement, vous devez reconnaître mon écriture ? — Que marquez-vous donc à mon oncle ? — Ah, pas grand'chose...Je... je l'engageais à venir, à passer un jour ou deux... — Ciel ! vous voulez que mon oncle ? — Non, ce n'est pas ici, chez moi. Le colonel Drécourt m'avait prié, avant mon départ, de dire à votre oncle de passer chez lui, à Paris, rue de Grenelle...

La baronne est dans un trouble remarquable. Elle se remet cependant, et ajoute en éclatant de rire : Mais vous êtes bien curieux, jeune homme ! Ah, ah, ah ! si j'ai des secrets à dire, moi, à votre oncle ? ah, ah, ah !... — Des secrets ! et moi, je dois lui en cacher maintenant... — Je badine, fou que vous êtes. Cette lettre n'est rien, je la déchire, et la voilà dans le bassin !...

La baronne a de l'esprit, du jargon ; elle a bientôt fait oublier ce léger événement à Jules, qui est trop occupé d'autre chose pour y porter plus d'attention.

Mais, rentrée chez elle, elle est furieuse ; elle gronde tout le monde, finit par s'accuser de son étourderie, recommence à écrire à Adalbert, et fait, cette fois, partir sa lettre par un agent plus sûr.

Jules et la Détestor passent trois jours dans les plaisirs, et Jules reçoit ce billet d'Adalbert :

« Un ami, mon cher Jules, me
« prie de lui rendre un service

« qui exige que j'aille à Rouen sur-
« le-champ. Je profite de ton éloi-
« gnement pour m'absenter à mon
« tour. Comme je ne serai de re-
« tour que dans quinze jours, je
« te permets cette petite vacance ;
« mais après cela, plus de campa-
« gne, plus de perte de tems ; au
« travail, mon Jules, au travail le
« plus assidu, jusqu'à ce que les
« véritables vacances du parlement
« te donnent le tems d'aller em-
« brasser ton père, ta mère, ta
« toute aimée Aloyse. J'ai reçu de
« tes parens la lettre la plus flat-
« teuse ; ils me remercient de mes
« soins et m'engagent à les conti-
« nuer. Je leur ai répondu que ton
« meilleur guide était toi-même ;
« que je pouvais bien les assurer
« que jamais, ni eux, ni moi, nous

« n'aurions à nous repentir de la
« confiance que nous avons tous
« en ta raison et la solidité de ton
« jugement.

« Tu es bien, n'est-ce pas, chez
« madame la baronne. Je la crois
« un second moi-même ; mais
« veille sur les liaisons qu'elle
« pourrait te faire faire, mon ami.
« Entre nous, c'est une femme lé-
« gère, quoiqu'estimable, et je
« croirais sa tête moins sûre que son
« cœur et son esprit. Je lui écris
« séparément ; ainsi garde-toi de
« lui montrer ce billet ; elle serait
« fâchée de ce que je t'y mets en
« garde contre son étourderie.

« Ainsi, dans quinze jours au
« plus tard, j'irai te reprendre à
« St.-Brice. Attends ce moment heu-
« reux qui me réunira à mon ami,

« J'emmène Faustin avec moi.
« Et, vraiment ce petit voyage me
« contrarie; car je n'ai point d'au-
« tres affaires que celles de mes
« amis. Mais vivrais-je, sans la
« douce satisfaction d'obliger!

« Adieu, je t'embrasse comme
« je t'aime.

Ton oncle ADALBERT DE
FASKILAN. »

Quoique plongé dans un tourbillon de fêtes, de plaisirs de tout genre, Jules sent qu'il n'est pas là à sa place, et il est fâché d'être obligé de passer encore quinze jours dans cette espèce de délire. Il relit la lettre de son oncle, et rougit de ses complimens dont il se sent maintenant indigne. La baronne vient le trouver : Vous me restez, mon cher enfant, lui dit-elle ; Adalbert m'écrit qu'il ne viendra vous prendre que dans une quinzaine. Eh bien ! on n'est pas ravi, enchanté ? on ne m'embrasse pas ? Qu'est-ce que c'est donc que ce petit air boudeur ? Il serait obligeant pour moi !

On devine que la Détestor n'est pas embarrassée de faire les avances, et Jules se livre plus que jamais à l'excès de la plus méprisable dissipation.

XI.

*Il faut sauver ce jeune homme;
nous n'avons pas un moment à
perdre !*

Laissons un instant notre Jules enivré, ou plutôt étourdi de sa conquête. Détournons nos regards du tableau du vice, pour les reporter encore vers les images riantes que nous offrait naguère, que nous offre encore la maison du Paradis, où la famille Berny nous présentera un modèle de mœurs bien différentes et plus consolantes pour l'humanité. Monsieur et madame Berny dorment avec la sécurité de la vertu, avec le calme de la confiance la plus mal placée ; ils ne se doutent guères de l'abus qu'un misérable en fait.

Ils reçoivent, un matin, la visite de madame la marquise d'Arancourt, cette même dame qui avait marié Rose avec l'auvergnat Jacques Niquet. Je viens, mes amis, leur dit la marquise, vous faire mes adieux. Je pars aujourd'hui pour Paris. — Pour Paris, s'écrie M. Berny ? vous, madame, qui n'avez jamais quitté votre terre ni la province, vous nous quittez ? Quelle affaire peut donc vous appeler ?... — Une très-pressante. On me marque qu'une femme, que j'ai le malheur d'avoir pour parente, s'y conduit de la manière la plus indigne et déshonorante pour notre famille. Si tout ce qu'on m'apprend de nouveau sur son compte, est vrai, j'ai plus de faits et plus de preuves qu'il ne faut pour la faire enfermer. — Comment, pour la faire enfermer ? sa conduite est donc ?... — Affreuse ! Ma visite auprès de vous est intéressée ; car je vous prierais de me dire si vous n'auriez pas quelque appui auprès de M. de St.-Florentin, pour en obtenir une lettre de cachet qui pût priver une femme aussi odieuse de sa liberté, dont elle abuse journellement. — Un appui, une protection auprès d'un grand, vous me demandez cela à moi, marquise ! à moi qui vis casanier dans mon hermitage, qui ne vois, qui ne connais personne dans la grande ville !.... Mais y a-t-il de l'indiscrétion à vous demander quelle est cette femme que vous voulez faire renfermer ? il faut que

vous ayez contre elle des griefs !...
— Si j'en ai !..... je ne ferais pas cette confidence à tout autre qu'à vous. Il est si humiliant de montrer le côté faible de sa famille. Ecoutez-moi.

La marquise s'assied, et on lui prête la plus grande attention.

« J'eus une sœur, dit-elle. Cette sœur épousa un petit gentilhomme sans bien, sans conduite, et aussi méchant de caractère que disgracié de la nature. Ce couple mit au monde une fille fort belle, et qui perdit sa mère presque dès le berceau. Je pris soin de cette petite ; car son père était un vagabond à qui j'avais refusé ma porte. En deux mots, lorsque mademoiselle de Salanville eut douze ans, son père vint me la redemander,

et je ne ressentis aucune répugnance à la lui rendre ; car elle annonçait tous les défauts. Mon beau-frère l'emmena à Paris, où il mourut, la laissant âgée de vingt ans et libre de toutes ses volontés. Cette fille coupable se livra dès-lors à tous les vices, sans compter celui de la débauche ; et, pour couvrir cette conduite coupable, elle épousa un joueur, un intrigant, qu'on nommait, ou qui se faisait nommer le *baron Détestor*.....
— Le baron Détestor, interrompt madame Berny ! ce nom là ne m'est pas inconnu. — Oui, mon amie, c'est la baronne Détestor dont il est question ici. — Attendez donc ?... ne serait-ce pas ?... J'ai, je crois sur moi, certain billet que mon oncle a trouvé... le voici... Il est d'une

baronne Détestor; voyez? — C'est-elle. Voilà bien son écriture, c'est ma méprisable nièce. — Et cette femme serait liée avec Adalbert! elle aurait passé avec lui *une nuit délicieuse!* Eh bien, Berny?...

Laisse continuer madame, ma chère Aura, répond M. Berny?

La marquise poursuit : Deux êtres aussi vils que ce prétendu baron Détestor et mademoiselle de Salanville, ne s'accordèrent pas long-tems ensemble ; ils se séparèrent. J'ignore ce qu'est devenu le mari. On m'a assuré qu'il avait été repris de justice... Vous frémissez? cela paraît cependant très-probable. Quant à la femme, elle devint... tout ce qu'il est possible d'être. Liée avec des joueurs, avec des intrigans sans nombre, elle fit des dupes, elle escroqua de tous côtés; elle continue encore en ce moment ce genre d'industrie qui peut la mener... où son mari a été, et déshonorer toute notre famille. Cette malheureuse fait ses délices de débaucher des jeunes gens, de leur donner tous les vices, et de les dépouiller si elle le peut. Elle habite dans ce moment une maison de campagne, qui ne lui appartient pas, que des créatures de son espèce lui ont prêtée pour faire de nouvelles dupes, et l'on m'avertit qu'elle y tient un fils de famille honnête, dont elle forme l'éducation ; vous m'entendez?

Madame Berny s'écrie : Si c'était Jules! — La personne qui me donne ces renseignemens, continue la marquise, ne connaît pas Jules, et ne me dit point le nom du jeune homme. Le fait est que cette indigne femme, criblée de dettes, poursuivie par les dupes qu'elle a faites, n'a plus que la ressource de voler, de voler, oui, c'est le mot, et voilà ce que je redoute... Ne pourrais-je pas, mon ami (vous qui connaissez les lois, je m'en rapporte à votre jugement), ne pourrais-je pas, avec un mémoire bien appuyé de preuves, obtenir que cette femme fût sequestrée de la société, pour l'honneur des d'Arancourt, et même des Salanville; car son père avait des parens estimables? — Vous le pouvez sans doute, répond M. Berny. Les lois et la morale publique sont intéressées à punir une femme qui, du vice, pourrait être entraînée au crime; mais il vous faut beaucoup de preuves, et.....— J'en ai mille, que vous me dispenserez de vous citer ; elles me feraient trop rougir. Qu'il vous suffise de savoir qu'en recueillant les plaintes de ses nombreuses victimes, je puis la confondre, et la perdre à jamais. — Allez, marquise, allez ; c'est un service que vous rendrez à l'humanité. A présent il faut que je vous dise que j'ai entendu parler de cette baronne Détestor, mais d'une manière bien différente. Vous lisez ce billet qu'elle écrivit, je ne sais quel jour, à M. de Faskilan. Voici une lettre de Jules qui excuse cette femme, qui en fait mille éloges, qui explique enfin l'aventure de cette nuit délicieuse. Elle fut passée, soi-disant, à pratiquer un acte de bienfaisance. — Elle ? la Détestor !

qui peut vous avoir fait ce mensonge ? — Je vous le répète ; c'est Jules. Lisez.

La marquise, après avoir lu, s'écrie : Ce jeune homme est trompé. Ah, grand Dieu! s'il connaît la Détestor ! — Eh bien ? — Eh bien... elle est capable de le perdre. — Vous m'effrayez; mais quel moyen prendre ? par lettres, Adalbert et Jules me répondront ce qu'il leur plaira... Eh, le père Augely, qui devait surveiller mon fils à Paris, qui ne nous écrit plus, ou qui ne nous fait part que de vaines terreurs, sans nous donner des nouvelles positives de la conduite de ce jeune homme! Oh, mon Dieu ! Adalbert abuserait-il de ma confiance ? — Je ne le suppose pas, mon ami; mais pourquoi Jules vous fait-il tant d'éloges de la Détestor ? — Vous allez à Paris, marquise, daignez vous informer de tout cela. Je vais écrire de mon côté à Jules, à Adalbert, au père Augely ; et, si je ne suis pas content des réponses de tous ces gens-là, je rappellerai mon fils, ou morbleu ! j'irai plutôt le chercher moi-même.

La marquise promit de joindre sa surveillance à celle du père Augely ; puis elle quitta nos amis, et partit trois heures après, emmenant seulement avec elle Rose Niquet pour lui tenir compagnie.

On pense bien que les renseignemens qu'elle avait donnés sur l'odieuse baronne Détestor furent le sujet de l'entretien de M. Berny et de sa femme, qui s'alarmèrent, avec raison, de savoir Adalbert lié avec cette créature. Ah, mon ami, dit Aura, si Jules est celui dont cette misérable forme, dit-on, l'éducation, il faut partir aussi, aller sur-le-champ à Paris. Berny ! il faut sauver ce jeune homme ; nous n'avons pas un moment à perdre. — Rien ne nous prouve encore... Eh puis, soupçonner Adalbert de souffrir qu'une femme sans mœurs !... Aura ! pouvons-nous, sans preuves, lui faire une pareille injure !

Ainsi raisonnait M. Berny. Trop juste, trop bon, pour juger défavorablement ses semblables, il les voyait tous d'après son cœur. Livré néanmoins à la plus sombre inquiétude, il alla réfléchir dans son jardin.

L'homme mélancolique cherche les lieux les plus tristes, les plus sauvages. En s'enfonçant dans le petit bois, M. Berny vit de loin Asselino qui se promenait avec un inconnu, et il remarqua que tous deux se parlaient avec beaucoup de chaleur. Cet inconnu, que M. Berny ne voyait que par-derrière, paraissait grand, sec, élancé, et néanmoins très âgé. Asselino, inquiet, regardait sans cesse autour de lui pour voir s'il n'était pas observé ou suivi. Asselino reconnut de loin son maître, et soudain il disparut avec l'étranger. Comme ils étaient voisins d'une petite porte qui donnait sur la campagne, M. Berny présuma qu'ils étaient sortis par là. M. Berny, d'ailleurs occupé de ses sombres pensées, ne fit pas une très-grande attention à cette rencontre, qui ne lui offrait rien de bien extraordinaire; il prit le sentier qui conduisait au tombeau de son père, et il alla méditer près de ce lugubre monument.

La chaleur était excessive. M. Berny, après s'être livré à la foule de ses réflexions, après avoir adressé aux mânes d'Évrard une prière religieuse, sentit le sommeil fermer ses paupières, et il s'endormit insensiblement.

Alors il lui sembla que, dans un songe pénible, l'ombre de son père se dressait devant lui ; qu'elle le touchait, lui prenait la main, la posait sur son cœur, et lui adressait des mots mal articulés. Cette ombre décolorée lui reprochait son hymen avec la fille de son plus mortel ennemi. Elle lui annonçait que Dieu le punirait dans son propre fils, que

Jules enfin vengerait son aïeul, en faisant le malheur de l'auteur de ses jours.

M. Berny, agité par ce rêve funeste, tantôt repoussait l'ombre d'Evrard, et tantôt la suppliait à genoux, en lui tendant les bras, de révoquer cet arrêt fatal, de pardonner!...

L'ombre, irritée de plus en plus, veut le saisir pour l'entraîner dans sa tombe, et M. Berny se réveille.

Il regarde, il écoute; tout est calme autour de lui. Les oiseaux seuls chantent en chœur les merveilles de la nature; ils sont heureux, tandis que le fils frappé de la malédiction de son père, est livré aux plus cruelles agitations.

M. Berny se lève pour rentrer. Il veut jeter un dernier regard sur

le tombeau d'Evrard dans lequel il allait être englouti en songe.....
Ciel! qu'aperçoit-il? un papier très-grand, et fixé sur ce tombeau de manière à frapper ses yeux. Cet écrit est de la même main qui a tracé les lettres anonymes qu'on a vues dans le premier volume de cette histoire. M. Berny le saisit et lit :

« J'ai voulu vous voir encore
« une fois, Berny. J'ai pris le mo-
« ment où, vous trouvant endormi
« près de la tombe de votre père,
« je pouvais contempler de nou-
« veau vos traits, sans être reconnu
« de vous... Je vous ai vu !... Croyez-
« vous, Berny, honorer assez la
« mémoire d'Evrard en vous con-
« tentant de rendre à ses mânes des
« devoirs religieux ! vous imaginez-

« vous les appaiser, ces mânes irri-
« tés, en vous conduisant toujours
« avec cette même faiblesse qui a
« marqué toutes les actions de votre
« vie ! Vous avez un fils ! ce fils est
« un homme, et votre devoir est
« d'en faire un homme vertueux.
« Je vous répéterai encore aujour-
« d'hui : *s'il ne l'est pas !*... mot
« terrible, que vous n'avez pas assez
« médité, et dont vous ne pouvez
« deviner toutes les conséquences !
« Si Jules n'est pas vertueux, Berny,
« Jules est perdu à jamais... vous le
« serez vous-même, et il n'y aura
« plus de ressource. Mon devoir
« exige que je me taise sur les suites
« des vices auxquels il pourrait se
« livrer; elles sont incalculables. Je
« m'étais promis de ne plus vous
« donner des avis, que vous ne pa-

« raissez pas disposé à suivre. Je
« voulais garder un éternel silence...
« Vos amis, vos amis véritables ont
« exigé que je le rompisse encore
« pour cette seule et dernière fois.
« Vous n'entendrez plus parler de
« moi qu'à l'époque, si elle doit
« arriver, où j'aurai reconnu Jules
« digne, ou non, de sa famille.
« J'ai, comme vous, confiance en
« l'homme à qui vous l'avez remis.
« Mais si Adalbert nous trompait,
« vous et moi ! c'est alors que, bien
« loin de révoquer la malédiction
« dont votre père vous a accablé
« à ses derniers momens, Dieu
« pourrait en faire retomber les
« effets funestes sur la tête de votre
« fils !... Pensez-y, Berny ; je vous
« le dis encore, c'est la dernière
« fois que je vous écrirai ».

On ne peut se peindre le trouble violent qu'éprouve M. Berny. Ses yeux ont parcouru d'abord ces caractères mystérieux, sans les lire. Il les relit et passe des mots, des lignes entières. Enfin, il s'en pénètre, et, ne doutant plus que ces mots n'aient été tracés par le particulier qu'il a vu se promener avec Asselino, il cherche par-tout ce domestique qu'il accuse, et qu'il se propose bien de faire parler. Il le trouve dans la cour causant avec Charles le jardinier. Asselino, lui dit M. Berny en pâlissant et en tenant à la main le billet anonyme, Asselino, répondez-moi, avec qui étiez-vous dans le jardin tout-à-l'heure ? — Comme mon maître est agité, répond Asselino, et avec quelle sévérité il m'interroge ! —

Répondez-moi, vous dis-je? Quel était cet inconnu qui a paru fuir mon approche, ainsi que vous? — Ce n'est point un inconnu, et ni lui, ni moi, nous ne vous avons évité, Monsieur. — Encore une fois, quel est-il? — Eh mais, c'est tout bonnement le bonhomme Pénon, le père de Charles que voilà. — Le père de Charles. — Oui, monsieur, interrompt Charles, c'est mon père qui est venu me voir, et qui est reparti, il y a bien une heure. — Le père de Charles! Tu as ton père, Charles. — Vraiment oui, Monsieur, un bien brave vieillard, qui est le jardinier d'un homme aussi bon que Monsieur, à quinze lieues d'ici. Il avait affaire à Orange; il s'est détourné de quelques heures pour venir me voir. Il s'est en retourné, et ma foi il est bien loin, car il a encore de bonnes jambes, malgré ses soixante-douze ans. — Comment, c'est ce père de Charles que j'ai vu avec toi, Asselino ? — Lui-même, Monsieur. Nous causions jardinage. Il est instruit dans cette partie ; moi, je lui ai prouvé que je n'y suis pas gauche non plus. — Mais pourquoi avez-vous évité ma rencontre ? — Eût-il été honnête à des domestiques d'interrompre leur maître dans ses réflexions ? — Que ce soit le père de Charles ou tout autre, c'est un traître. Il a profité de mon sommeil pour attacher ce papier au tombeau de mon père.

Charles répond : D'abord si l'on a écrit un papier, ce ne peut pas être mon père ; car il ne sait ni lire, ni écrire. — Un papier, s'écrie à son tour Asselino ! Monsieur permet-il que je le voie ? — Le voilà.

Asselino le parcourt de l'air le plus étonné ; puis, le rendant à M. Berny, il ajoute : C'est encore de cet inconnu d'autrefois. Mais le père Pénon ne m'a quitté que pour rejoindre son fils ; ce ne peut pas être lui.... d'ailleurs, il est trop simple pour..... — Lui ou un autre encore une fois, quelqu'un s'est approché du tombeau, de moi-même ; tout en rêvant, il m'a semblé qu'on me touchait, qu'on me prenait la main. — Je n'ai vu personne. — Asselino ! depuis que Jules est sorti du collége, il s'est passé ici des choses ! surnaturelles ! tout cela n'a pu se faire sans un compère, et ce compère ... c'est vous ! — Moi, monsieur ! et toujours les mêmes soupçons sur un serviteur fidèle !... Eh, quel serait le but de tant de mystères, d'une conduite aussi coupable de ma part ? — Je l'ignore ; mais vous seul conduisez tout cela, Asselino ; j'en suis convaincu. Votre prétendue rencontre de ce faux mendiant, vos demi-mots, vos signes au père Augely, votre haine contre Adalbert, votre intelligence avec ses ennemis, votre soi-disant père Pénon de tout-à-l'heure, je ne suis plus la dupe de tout cela. Eh, que voulez-vous qui ait attaché cet écrit à ce tombeau, à point nommé pendant que je m'y trouvais, que j'y sommeillais ? Ou c'est vous, ou c'est un autre, et cet autre est l'homme avec lequel vous causiez. — Monsieur, je vous jure...

— Ne jurez point, Asselino, je n'ai plus nulle confiance en vos sermens... Eh bien, il change de couleur, il se jette à mes pieds, il verse des larmes... Bon, excellent Asselino ! mais pourquoi me trompes-tu ? — Vous tromper, moi ! — Voilà pourtant ce qui arrive ! à moins d'être un Cassandre dans cette comédie, il faut bien que je m'aperçoive que c'est moi qu'on y joue !... Allons, je vois qu'il m'est impossible de t'arracher la vérité, il faut que j'agisse d'après moi. Si ces lettres anonymes ne sont pas supposées pour me tourmenter ou me faire haïr Adalbert, elles sont dictées par un véritable zèle pour mes intérêts; je partirai, j'irai à Paris, j'y verrai ce que fait mon fils, et je le ramènerai. — Oh, que vous ferez bien, Monsieur ! — Te voilà encore avec tes exclamations précipitées. Il faut, oui il faut te quitter, homme impénétrable !... Tu pleures toujours ? Si tu soupçonnais la moitié des tourmens que j'éprouve, en vérité, tu aurais pitié de moi!

M. Berny court joindre sa femme, qu'il étonne au dernier point en lui racontant ce qui vient de se passer. Encore cet anonyme, s'écrie madame Berny! nous n'avons plus de parent, pas d'autres amis que le père Augely, cet Adalbert, et qui sont tous deux à Paris !.... Quel mystère inexplicable !...

Les deux époux causèrent longtems sur la bizarrerie de ce nouvel incident, et le résultat de leurs réflexions fut, d'abord qu'on écrirait à Jules, à son oncle adoptif, au père Augely ; ensuite, qu'aussitôt qu'on aurait reçu la première lettre de madame la marquise d'Arancourt, qu'elle fût alarmante ou non, M. Berny partirait pour Paris, où il irait retirer son fils de la maison d'Adalbert, quand même cet homme serait accusé, ou même soupçonné à tort.

C'était, en pareil cas, le parti le plus prudent que pût prendre un père de famille. Nous verrons si les événemens lui permirent d'exécuter ce sage projet. En attendant, nous allons revenir à notre Jules, ainsi qu'à sa baronne Détestor, contre laquelle vont se liguer la marquise d'Arancourt, et peut-être d'autres personnages non moins estimables.

FIN DU SECOND VOLUME.

www.ingramcontent.com/pod-product-compliance
Lightning Source LLC
Chambersburg PA
CBHW071420150426
43191CB00008B/993